文史哲詩叢

王潤華・周策縱・吳南華編

胡說草：周策縱新詩全集

文史哲出版社印行

國家圖書館出版品預行編目資料

胡說草：周策縱新詩全集 / 王潤華,周策縱,吳南華編. -- 初版 -- 臺北市：文史哲, 民97.07

頁： 公分. --（文史哲詩叢；83）

ISBN 978-957-549-799-6 (平裝)

851.486　　97012314

文史哲詩叢 83

胡說草：周策縱新詩全集

編　　者：王潤華・周策縱・吳南華
出 版 者：文史哲出版社
http://www.lapen.com.tw
登記證字號：行政院新聞局版臺業字五三三七號
發 行 人：彭正雄
發 行 所：文史哲出版社
印 刷 者：文史哲出版社
臺北市羅斯福路一段七十二巷四號
郵政劃撥帳號：一六一八〇一七五
電話886-2-23511028・傳真886-2-23965656

實價新臺幣四二〇元

中華民國九十七年（2008）七月初版

ISBN 978-957-549-799-6

周策縱先生手稿

還是田橫的大墓碑
留下了指紋呢？

女兒輕聲吻過
父親老皺的臉，
讓考古家發掘出
風和愛的化石來，
用碳素探測到遠
古，多少光年以前，
看女兒長回到童年。

—一九八七、五、二三、清晨
于陌地生。

象徵主義和客觀主義

——新商籟

周策縱

艾略特注重歐洲傳統的象徵主義，
龐德和威廉士却偏重客觀主義，美
國後來年輕一輩詩人多習從客觀之
說。然論者懷疑，若就詩言詩，兩
說有什麼區別呢？

回音在石壁上
蓋了箇印，
石壁也把
回音蓋了箇印。
是風蕭易水的歌聲

她底嫣然一笑启羿我
恍有會心！即便想追憶，也只
打撈到驚嘆號最末那一點

——一九八九年八月二十凌晨
于陌地生之棄園

秒

周策縱

你在一滴水晶水裏噣嚼歷史
把我底命根子栽得的答地循環
一步一趨，一顰一蹙即是回眸
使鴨雛的嫩黃沒入羽之釉綠
一飛而橫渡蘆雪皓皓，依然
依然凝止如洪荒底脆藍
其長無延，其速無移
當銀燭高燒之際，夜已酥了

這水，有些人是親自渡過的
有些人是父母親渡過的
當然也有些遠祖父母……
這樣就能造成海峽麼

反正水沒記性
魚又不是太史公
然而，回頭就是兩岸
難道該讓人比魚還滑頭嗎

——一九九六年五月十日于美國威斯康辛陌地生

海峽

十四行

周策縱

當然都是可以載船或翻船的水
不料從這邊或那邊望去
卻總有點兒水土不服
波濤上晚霞拖一條血紅的繩
不知會牽出喜事還是喪事
總比在別人屋簷下還好些罷

長在水仙少年眼裡這影子，
悠悠流去了江山千古之後，卻
恍惚稚弱得載不動時間，
淺渦擴散成清徹，只餘
半縷槳聲，西風一吻就溶解
而消失了自我。

——一九八三、八、一五。

秋水

啜飲過落葉的歎息，
一痕霜意還飄蕩在
波紋細腰的周圍，
洗滌過的月光灑了一淌
淡涼，捲起漾碧石漪。

無根者在水晶沙裏埋不穩
輕鬱影，但任憑詩慮浸沉到底。
你是魏晉之間一個女神的脚步，
長安水仙少年睇視過影子。

代序：被遺忘的五四

— 周策縱的海外新詩運動

元智大學人社院院聘教授

王 潤 華

一、《五四運動史》：文化研究的新典範

西方傳統漢學，在早期，是一門純粹的學術研究，專業性很強，研究深入細緻。他們的漢學家，往往窮畢生精力去徹底研究一個小課題，重視的是冷僻的、業已消失的文化歷史陳跡，較和當下現實無涉。因此傳統的漢學研究的研究者，往往不求速效，不問國家大事，所研究的問題，也較沒有現實性與實用的功能，終極目的往往在於奇特冷僻的智性追求，其原動力是純粹趣味。[1]周教授的一些著述如《論對聯與集句》[2]、《破斧新詁：《詩經》研究之一》[3]，《周策縱古今語言文字考論集》中討論龍山陶文的論文[4]，就充分表現「專業性很強，研

---

1 杜維明〈漢學、中國學與儒學〉，見《十年機緣待儒學》（香港：牛津大學出版社，1999 年），頁 1-33。

2 《論對聯與集句》（香港：友聯出版社，1964。）

3 《破斧新詁：《詩經》研究之一》（新加坡：新社，1969）。

4 〈四千年前中國的文史紀實：山東省鄒平縣丁公村龍山文化陶文考釋〉《明報月刊》1993 年 12 號-1994 年 2 月，pp136-138，92-94，108-111。

究深入細緻」西方漢學的治學方法與「奇特冷僻的智性追求」精神。[5]

美國學術界，自二次大戰以來，已開發出一條與西方傳統漢學（Sinology）很不同的研究路向，這種研究中國的新潮流叫中國學（Chinese Studies）。它與漢學傳統有許多不同之處，最主要的差異，在於它開出一條與現實的思想性與實用性相關的當代中國問題的研究。其目的，一方面在於瞭解中國，另一方面也希望促進中國瞭解西方。中國研究是在區域研究（Area Studies）的興起，也帶動了從邊緣走向主流的專題研究。前者的興起，是因爲專業領域如社會學、政治學、文學的解釋模式，基本上是以西方文明爲典範而發展出來的，對其他文化所碰到的課題涵蓋與詮釋性不夠。而後者對中國文化研究而言，則是傳統以中國文明爲典範而演繹出來的理論模式，一旦碰到新興的如性別與文學問題，更是以前的治學方法，難以詮釋的問題。因此，在西方，特別是美國，從中國研究到中國文學，甚至縮小到更專業的領域中國現代文學或世界華文文學，都是在區域研究與專業研究的衝擊等學術大思潮下，所產生的多元取向的思考與方法，它幫助學者把課題開拓與深化，創新理論與詮釋模式，溝通世界文化。[6]

第二次世界大戰以後，上述「中國學」的研究，成爲新的發展潮流，哈佛大學便是其中一個重要中心，到了一九五零年代，更日漸形成主流。周教授在這期間，也正好在哈佛擔任研究員[7]，他的成名作

---

5 杜維明〈漢學、中國學與儒學〉，見《十年機緣待儒學》（香港：牛津大學出版社，1999 年），頁 1-33；余英時〈費正清的中國研究〉及其他論文，見傅偉勳、歐陽山（邊）《西方漢學家論中國》（臺北：正中書局，1993），1-44 及其他相關部分。

6 同前註，頁 1-12。

7 周策縱於一九四八到美國密西根大學政治系，一九五〇獲碩士，一九五五年博士，《五四運動史》，原爲博士論文，在完成前，一九五四年，他在哈佛大學歷史系任訪問學者寫論文，畢業後，一九五六至一九六〇又到哈

《五四運動史》（The May Fourth Movement: Intellectual Revolution in Modern China）[8]的完成與改寫出版，都在哈佛的中國學的治學方法與學術思潮中發生的，他的〈中文單字連寫區分芻議〉，發表於一九八七年，竟然一九五四年就寫於哈佛大學[9]，此類專著或論文，完全符合中國研究與現實有相關，其思想性與實用性，都帶有強調當代中國問題的精神。另一方面，區域研究的思潮也使得以西方文明爲典範而發展出來的專業領域如社會學、政治學、文學的解釋模式得到突破。所以《五四運動史》成爲至今詮釋五四對權威的著作，成了東西方知識界認識現代新思文化運動的一本入門書，也是今天所謂文化研究的典範。

《五四運動史》對中國社會、政治、思想、文化、文學和歷史提出系統的觀察和論斷，奠定了作者在歐美中國研究界的大師地位。其使用大量原始史料，包括中、日、西方語文的檔案資料，是窄而深的史學方法的專題（monograph）思想文化專題的典範著作。周教授研究《五四運動史》中所搜集到的資料，本身就提供與開拓後來的學者研究現代中國政治、社會、文化、文學的基礎。因此哈佛大學東亞研究中心也將其出版成書《五四運動研究資料》（Research Guide to the May Fourth Movement）[10]。同時，也由於不涉及道德的判斷或感情的偏向，突顯出客觀史學（現實主義史學）的特質。周教授在密西根大

佛任研究員，一九六一至一九六二任榮譽研究員。

8 Chow Tse-tsung ,*The May Fourth Movement: Intellectual Revolution in Modern China*（Cambridge ,Mass: Harvard University Press,1960; Stanford: Stanford University Press, 1967.）

9 羅慷烈主編《教學集》（香港中文大學教育學院二十週年紀念專刊）（香港：中文大學教育學院，1987），pp135-152.

10 Chow Tse-tsung , *Research Guide to the May Fourth Movement*（Cambridge, Mass. :Harvard University Press,1963）.

學念的碩士與博士都是政治學，因此社會科學（政治、社會、經濟學等）影響了他的現實客觀的歷史觀，這正是當時西方的主流史學，這點與費正清的社會科學主導的客觀史學很相似。[11]而且被奉爲在中國研究中，跨越知識領域研究、文化研究最早的研究典範。

二、周策縱被遺忘的另一部五四運動史：新詩史

然而，周老師另一部五四運動史，就被人所遺忘了。因爲這是五四新詩史，周老師以寫新詩的形式來書寫的，從未出版，少爲人所知。他自己卻非常重視。

我在二〇〇六年九月十九日收到周師母吳南華醫生從陌地生（Madison）寄來一個大包裹，打開一看，原來是等待很久的周策縱老師新詩全集。[12]周師母在信中說：

> 策縱的詩稿終於整理好了。現在給你一份，是經過兩個人幫忙和最後我用了許多深夜的時間，才把策縱那一堆堆的亂紙排成稍有次序的詩稿。以後一切都要請你幫忙了。

接著師母順便報告罹患失憶症的老師健康情況：

> 策縱近來還好，食量比三星期前好的多。他喜歡我弟妹做的菜。他每天走一小段路，看傳記文學和他自己寫的文章和詩。

師母的信是六月九日寫的。師母與女兒琴霓這次回返陌地生是搬家，從此就定居在加州舊金山北邊的阿巴尼（Albany）了。這次原本周老師要一起回去搬家，但由於它的健康體力突然惡化，便沒有回去，

---

11 參考余英時〈費正清的中國研究〉，見上引《西方漢學家論中國》，pp.1-44.

12 這部詩集原本周老師自己編好，定名爲《胡說草》，現增加遺漏的，已在編輯出版中。

留在加州由師母的弟妹照顧。

周老師十多年來，多次跟我討論整理與出版詩集的計劃，希望把舊詩詞、新詩以及他和美國白馬社的詩人群的作品，進行出版。在二〇〇七年五月七日逝世前，雖然嚴重失憶，還是如師母所見，每天愛看自己的文章與詩作，可見他對詩與學術，一樣重視，都是他生命中追求的終極目標。老師一九四八年離開中國前往美國留學以後，新舊詩的創作從不間斷，他在一九六一出版過新詩集《海燕》以後，就沒有出版過專集。八十歲以後，他開始很緊張，因爲他長期以來想出版的詩集，沒有一本付諸實現。在他往生前，幸好《白馬社新詩選：紐約樓客》於 2004 年出版[13]，《周策縱舊詩存》也於 2006 年出版[14]。而他的新詩集《胡說草》今年就可出版。

寫詩對我的老師來說，是延續五四文學的革命，他一直以生命來對待，所以當今年三月初，師母撥電話找我，告知我，老師得了嚴重的肺炎，送醫院後又不幸中風，昏迷不醒。便還特別問我有關詩集可能出版事，我說已付印中，師母後來告訴老師，他好像聽了有反應。或許可見他對詩集出版非常重視，也因此似乎就放心去了。

三、《海外新詩鈔》：繼承大陸五四白話詩傳統的使命

---

13 心笛、周策縱編《白馬社新詩選 — 紐約樓客》（臺北：漢藝，2004）。

14 陳致編《周策縱舊詩存》（香港：香港浸會大學中文系策劃，匯智出版，2006）。

我在〈周策縱：學術研究的新典範〉中曾指出，[15]周教授另一項貢獻是其他重要國際學者所沒有的，就是鼓勵與推動文學創作。他與世界各地、各個世代的作家，從歐美、臺灣、香港、新加坡、大陸都保持密切的往來。一九五〇年代開始，由於中國大陸的政治，影響了文學的自然發展，他就積極參與美國華人的文學藝術運動。文學方面有白馬社，文化方面有《海外論壇》。他將自己與黃伯飛、盧飛白（李經）、艾山、唐德剛、心笛等一九四九年以後留居海外的詩人，看作負著繼承大陸五四以後白話詩的傳統的使命，因此多年來默默收集海外的詩歌作品，並希望擴大包括香港的詩人，以編印《海外新詩鈔》，可是由於計劃太大，一拖再拖，至今沒有成功。心笛說：

> 早在一九五〇年代，周策縱教授就想編選《海外新詩抄》，收集美國與香港那時報刊上的新詩，因為他認為海外的新詩，最能承繼五四新詩的風格，不受大陸中國與台灣兩地那時詩壇的影響。他搜集的詩稿，曾由詩人淡瑩幫助編選剪貼，以為在八○年代初期即可付印。廿多年來，「只聽樓梯響」，但不見書的出版。
>
> 知悉周教授講學著述及學術研究極忙而無暇顧及《海外新詩抄》後，我為了想促使該書的早日問世，自告奮勇，請周教授將舊稿找出寄來，由我幫助整理稿件。二〇〇一年，周教授終於在萬卷藏書的家中，好不容易尋出舊稿，自陌地生寄到加州給我。這些藏了幾十年的稿件，有許多泛黃的紙頁 與模糊不清的字跡，都得一一重新抄打或影印。於是我查看世界線上書庫、借集子、影印、剪貼、補選。並依周教授之言，

15 王潤華〈周策縱：學術研究的新典範〉《世界文學評論》2006 年第二期，頁 201-205。

> 多選白馬社社員之作。我寫信給唐德剛教授、親去黃伯飛教授住處索稿。瑣瑣碎碎的整理過程，使我了然為何《海外新詩抄》會被擱置一邊這麼多年。
>
> 整理出的詩稿竟達五、六百多頁。入選人詩作的數量參差不齊，有多至七十幾首的，有僅有一首的。其中白馬社社員的作品量數最多。正在為難如何刪減白馬社人的作品，詩人出版家林蔚穎先生與洛山磯《新大陸》詩刊主編陳銘華先生同時建議將白馬社社員的詩作放在一起，出一個《白馬社新詩選》的集子。這真是一個很有見地的建議，也正合我早年有過的心意，於是我又重新增選白馬社社員的詩作。我們為能出《白馬社新詩選》而高興，但也為《海外新詩抄》又得暫時擱淺而感到惋惜。若能兩本書同時出版該是多好!但願不久有機緣能將《海外新詩抄》付印，以圓周教授多年的心願。[16]

黃伯飛教授也曾說：「策縱兄希望把艾山和我其他幾位的詩放在一起，作爲一九四九年以後居留海外的同好們，繼承五四以後白話詩的傳統的一個集子」[17]所以周老師的《海外新詩抄》仍然沒有出版，五四白話新詩革命史仍然缺少重要的一章，因此我們的白話文學史，至今仍然是不完整的。

四、胡適：「白馬社是中國的第三文藝中心」

曾在威斯康辛大學追隨周策縱讀學位的學生，尤其有喜歡文學創

16 心笛〈後記〉《白馬社新詩選 ── 紐約樓客》，頁 399-400。

17 見王潤華等編《創作與回憶：周策縱七十五壽慶集》（香港：中文大學出版社，1993），p.117.

作的，一定常常聽到他講述白馬社的那段文學史。老師在 2003 年爲《白馬社新詩選》寫序時，有一段簡要的回憶：[18]

> 在二十世紀五十年代初期，約於一九五四年，一批在美國紐約市的中國留學生，自動的組織了一個「白馬文藝社」，「白馬」二字，由顧獻樑建議，取玄奘白馬取經之意；「文藝社」三字則由唐德剛提議加上，以免誤會作別的社團。雖然一年以前由林語堂先生出資支持了一個《天風月刊》，由林先生次女公子太乙主編，旅美中國留學生也有許多人參加投稿，不到一年，因林先生去新加坡主持南洋大學，《天風》停辦。事實上，「白馬社」可說是第二次世界大戰後，中國留美學生自動組織的第一個文藝社團。社團裏新舊詩人、小說家、藝術家、學者，都出了不少。當時，這些留學生還是無名小卒，可是胡適先生在紐約卻很重視他們，說「白馬社是中國的第三文藝中心」，就是在中國和台灣之外的第三個中心。

周策縱教授，除了對林語堂、胡適對白馬社的支持，感到感激，他認爲顧獻樑也很重要：

> 可是我在這裏，卻要特別紀念給「白馬」命名的那位朋友顧獻樑。他那時的夫人是馬仰蘭女士，馬寅初先生的女兒。他們住在紐約市區一個高樓上，裏裏外外都漆得朱紅朱紅的，我把它戲稱做「紐約紅樓」。當時我要德剛少搞些歷史，多寫些小說，寄他的詩就有「紐約紅樓夢有無」的追問，他寫出了《紐約紅樓夢》麼?可是不久以後馬仰蘭就去了非洲，顧樑（我們當時多半這樣叫他）竟和她離了婚，自己也跑去了

18 《白馬社新詩選 — 紐約樓客》，頁3。

台灣。[19]

因爲顧獻樑和唐德剛是白馬社的創始人，前者很早就去了臺灣，後者的《胡適雜憶》一書的第五章，作過較詳細的報道：

> 胡先生當年在紐約閱報評詩之餘，他也時常向我說：「你們在紐約也是中國新文學在海外的第三個中心。」另外兩個「中心」據他說便是臺北和香港。他所以說這句話的緣故，就是因為五十年代裏中國知識份子在紐約也曾組織過一兩個文藝團體。胡適之對我們這種小文藝組織真是鍾愛備 至，而他老人家自己也就自然而然地變成這些小團體的當然 指導員和贊助人了。[20]

一九五一年林語堂在紐約創辦天風社，出版《天風月刊》，由女兒林太乙主編。林語堂因爲應聘新加坡南洋大學校長的職務，而全家離開紐約，因此刊物就停辦了。後來顧獻樑和唐德剛等人便組織白馬社文藝社，前者提議用「白馬」，含有唐朝玄奘留學印度白馬取經之義，後者加上文藝是怕別人誤會其組織的目的。

> 胡適之先生對我們這個「白馬社」發生了極大的興趣。林先生去後，胡先生就變成我們唯一的前輩和導師了。他顯然是把他自己所愛護的小團體估計過高，因而把它看成中國新文學在海外的「第三個中心」！
>
> 「白馬社」的組織，在範圍上說是比「天風社」擴大了，因為它有「文」有「藝」。[21]

當時算是白馬社的作家、詩人之外，還有吳納孫（鹿橋），他的

19 《白馬社新詩選 — 紐約樓客》，頁4。
20 同上，頁399。
21 同上，頁404。

名作《未秧歌》就是在白馬社時期寫的。周文中也因爲白馬社而搞起音樂，成爲作曲家，蔡寶瑜很年輕就成爲美國頂尖陶塑界人物，她的早逝，對同仁打擊很大。

唐德剛對歷史與小說比較有興趣，他認爲詩歌貢獻最大，胡適看重白馬社也因爲是詩。他的看法正確：

> 胡先生最喜歡讀新詩、談新詩、和批評新詩。而白馬同仁竟是一字號的新詩起家。他們厚著臉皮彼此朗誦各式各樣的新詩。這些白馬詩人中有稚態可掬的青年女詩人心笛（浦麗琳）；有老氣橫秋的老革命艾山（林振述）；有四平八穩「胡適之體」的黃伯飛；也有雄偉深刻而俏皮的周策縱。……
>
> 在老胡適底仔細評閱之下，心笛的詩被選為新詩前途的象徵，「白馬社」中第一流的傑作。作者是個二十才出頭，廿四尚不足的青年女子。聰明、秀麗、恬靜、含蓄。詩如其人，因而新詩老祖宗在她底詩裡充分底看出今後中國新詩的燦爛前途。[22]

「白馬社」詩人雖然不多，但以其作品的多樣化，就是一個詩壇。胡適喜歡的新詩都是純情的抒情短詩，如心笛的這樣的玲瓏秀麗的作品〈喜遇〉（一九五六、八、廿七）：

> 比祥雲還要輕
>
> 喜悅
>
> 在靜極的田野上
>
> 起飛
>
> 似一束星星

---

22 同上，頁408。

撫過一架自鳴的琴

昨日下午

碰見你

清湖的眼睛

隱顯中

漾起霧幻詩

浪散出不知名的字[23]

一九五六年的臺灣詩壇，反共文學主導下，現代詩還不成熟，這樣高水準的純詩也不多見，怪不得胡適認爲白馬社不但是中國和台灣之外的第三個文學中心，更是代表「今後中國新詩的燦爛前途」的作品。但是唐德剛說：

> 但是老胡適卻和我們的老革命艾山過不去。他說艾山的詩「不好」。「不好」的原因是它令人「看不懂、也唸不出！」可是堅持只有「看不懂、唸不出」才是「好詩」的艾山不服氣。擁護艾山派的陣容也不小，大家紛起與老胡適辯難，他們甚至說，「新詩老祖宗」已落伍，思想陳腐，不能隨時代前進。艾山是聞一多先生的得意門生。聞氏生前就曾推許過「看不懂、唸不出」的艾山體是「好詩」！[24]

擁艾山派的人認爲這樣的詩也是好詩，請讀艾山的〈魚兒草〉：

朋友對我講失戀的

故事我說譬如畫魚

明窗淨几

---

23 同上，頁349。

24 同上，頁409-410。

腦海裡另植珊瑚樹

移我儲溫玉的手心

筆底下

掀起大海的尾巴

鱗甲輝耀日月

綴一顆眼珠子一聲歎息

添幾朵彩雲

借一份藍天的顏色嗎

夢與眼波與輕微喟的惜別

水是夠了

忘卻就忘卻罷

我卑微的園子內生或死

都為裝飾別人的喜悅[25]

這首非常現代主義的好詩，收集於一九五六年出版的《暗草集》，由此可見白馬社的許多詩歌，尤其艾山、李經、心笛，在五十年代已寫出這樣的現代主義的詩歌，可說早已走在臺灣現代主義詩壇的前面，這是急待研究的被忽略的中國詩歌發展史的一章。從詩的本質來說，李經的詩最超越，可說是現代詩的登峰造極，可惜他創作嚴肅，作品不多。我有幸在一九六八至六九年間在威斯康辛大學曾上過李經（盧飛白）老師的中國現代文學與艾略特兩門課，常向他請教，發現他的現代主義的詩與臺灣最好的比較，有過之而無不及。他是美國芝加哥批評家 R.S. Crane, Elber Olson，George Williamson 和 Richard Mckeon 的高足，成爲芝加哥批評家其中一位成員，他的艾略特研究，

---

25 同上，頁 24。

驚動美國學界。非常可惜《白馬社新詩選》中只有李經老師的三首詩，但都是極品[26]，如〈葉荻柏斯的山道〉（第五曲，雞唱之前），是一首跨文化的長詩，意象、詩的結構、智性與感性都有中國舊詩與艾略特現代派詩歌的傳統。[27]下面這首紀念他與艾略特在倫敦見面的長詩的一段，可見其功力[28]：

他清瘦的臉蒼白如殉道的先知，

他微弓的背駝著智慧，

他從容得變成遲滯的言辭，

還帶著濃厚的波斯頓土味，

他的沉默是交響樂的突然中輟，

負載著奔騰的前奏和尾聲 ——

他的沉默是思想的化身

他的聲音是過去和未來的合匯。

由於適之先生對「白馬社」裡新詩的評語，二十年前紐約的新詩作家們與胡適之先生一場論辯，正如唐德剛的洞見所透視，讓我們對胡氏早年所受西洋文學一一尤其是美國文學的影響有著更深一層的認識。胡適認識的詩歌局限在西方學院派的四平八穩的浪漫主義的格

26 一九七二年逝世後，我曾編輯他的詩文集，詩 25 首，單篇論文 13，寄到臺北出版，後來稿件被出版社遺失。周教授的序文發表於《傳記文學》22 卷四期（1973 年四月）。我有兩篇論文紀念盧飛白老師，本是附錄遺失的詩文集裏，見〈盧飛白（李經）先生的文學觀及批評理論〉、〈美國學術界對盧飛白的艾略特詩論之評論〉，收入我的《中西文學關係研究》（臺北：東大圖書，1987），頁 246-268；269-275。

27 《白馬社新詩選》，頁 243-4。

28 李經〈倫敦市上訪艾略忒〉《文學雜誌》4 卷 6 期（1958 年 8 月），頁 8-9。

律詩歌，雖然受到意象派的啓發[29]，但其提倡的詩歌技巧與內容正是英美現代派詩歌要革命的對象。

同時這一群散居歐美的詩人，都在一九四九之前離開中國到歐美，正如瘂弦所見，他們的創作基本上承襲並延續一九四九年以前的新詩的詩風，有獨立于一九四九年以後臺灣與大陸的詩之外，所以肯定自己是新文學運動以降中國文學衣缽傳人。瘂弦認爲「此中詩人以周策縱爲首，另有白馬社一些文人亦屬之。」[30]

五、周策縱的《胡說草》是一部新詩發展史

我上面說過，《白馬社新詩選》，或是至今尙未編好與出版的《海外新詩鈔》是一部五四以來的新詩發展史，這裡有類似自由派、新月派爲的黃伯飛、湖畔四詩人唯美派的心笛、極前衛的代表象徵與現代主義的艾山。而周策縱教授的詩從五十年代寫到九十年代，從自由詩、格律詩、象徵、現代主義詩歌，甚至後現代主義詩歌，從文學研究會詩人群、詩湖畔四詩人、創造社詩人群、新月社（前期）詩人群代現代派詩人，甚至後現代詩人的作品，幾乎都可以找到典範性的作品。關於這一點，我將有專文討論。

周策縱教授在一九四八年離開中國到美國留學前，就已開始寫詩，目前《胡說草》存稿中最早的詩有寫於一九三零年的《竹》，題名雖然傳統，但想像力與構思突破傳統：

---

29 王潤華〈從西潮的內涵看中國新詩革命的起源〉，見《中西文學關係研究》，頁 227-245。

30 瘂弦編選《當代中國新文學大系》（詩部分）（臺北：天視出版社，1980），導言，頁 26-27。

巨筆揮灑向天空

畫一幅潑墨雲霧

餘瀋一滴一滴成雨水

滃鬱地溜下來

黏不住翠綠的枝葉

挨在又圓又潤又薄又明之間過活

忽然，忽然，泥地上

無數纖纖的筆尖也上伸上伸

都爭先要寫向藍天

趁著春訊，猛地裡抖出生趣

他到了美國開始那十年，創作很多，可能有白馬社的原因，一九六一年出版的《海燕》共收六十八首詩，都是一九四九到五九的作品。[31]由於他大膽的試驗、詩不斷的轉型，試讀下面寫於一九九二的〈讀書〉，那裏像從五四走過來的詩人寫的詩[32]：

他躺在床上讀書

從甲骨文直讀到草書

把頭髮越讀越白了

他用手去摸一摸西施的笑

她噗哧一聲發嗔說

你當初為什麼不呢

他臉也紅了

頭髮也黑了

31 周策縱《海燕》（香港：求自出版社，1961）。

32 《白馬社新詩選》，頁 198-199。

一頁又一頁　有人待在誰的黃金屋裡
只聽見咯咯的笑聲
再翻下去
是一陣哭泣
他趕快把書關了
可是頭髮越白越讀呢

就如洛夫所指出，通過「一陣調侃，一種深沈的反思，處理手法頗有「後現代」的趣味。」[33]余光中對周策縱的〈海峽〉（1996）這首詩讀了竟敬佩不已，因爲「意象逼人」、他還說「匠心獨造，老來得詩而有句如此，可佩也。」請讀這首詩：[34]

當然都是可以載船或翻船的水
不料從這邊或那邊望去
卻總有點兒水土不服

波濤上晚霞拖一條血紅的繩
不知會牽出喜事還是喪事
總比在別人屋簷下還好些罷

這水，有些人是親自渡過的
有些人是父母親渡過的
當然也有些遠祖父母……

33　《白馬社新詩選》，頁 224。
34　《白馬社新詩選》，頁 226-227。此詩發表於 1996 年五月二十五日的《聯合報》副刊，後收集於余光中、蕭蕭等編《八十五年詩選》（臺北：現代詩季刊社，1997），頁 31。有余光中的小評。

這樣就能造成海峽麼

反正水沒記性

魚又不是太史公

然而，回頭就是兩岸

難道該讓人比魚還滑頭嗎

余光中指出：

海峽兩岸原是同民族，只有先來後到之別，無人種、文化之分。所謂「水土不服」，只半世紀的政治所造成。作者引用「水可載舟，亦可覆舟」之意，更益以喜事或喪事之變，來勸喻兩岸之人，用心很深。紅繩原可牽出喜產，紅的繩就未必了。這血紅的繩偏是晚霞所牽，意象逼人，匠心獨造，老來得詩而有句如此，可佩也。篇末以水與魚來與人比，指出人而忘本，將 不如魚，又闢出一境。

此詩風格清俊，深入淺出，饒有知性，可以上追馮至、卞之琳、辛笛。所謂十四行，全無押韻，句法也不齊，甚至段式都呈「倒義大利體」，前六後八，另成一格。[35]

余光中所說「可以上追馮至、卞之琳、辛笛」極含深意，因爲周策縱是一位敢於嘗試與試驗各種形式與內容的詩歌，由於他創作生命長久，在他一生所寫的新詩作品，幾乎可以輕易的找到代表各個詩派特色的詩，從胡適、康白情、徐志摩到聞一多、戴望舒、艾青到臺灣現代派及後現代的詩人。

關於這一點，我將有專文討論，這裡無法詳談。周策縱自己寫詩，

35 同上。

實在帶有反映詩歌發展歷史的使命。他除了以各種形體的詩歌來實踐，也以一系列的論文來建構新詩的理論，在《棄園文萃》裏就有〈新詩格律問題〉、〈中國新詩的三種現象〉、〈定形詩體五要點〉等論文探討。[36] 他始終認爲除了自由新詩、定形的現代詩是需要的，而且缺少大膽的創作實驗。

六、世界華文文學的新視野

周教授除了中國學術的巨大貢獻與影響，他另一項貢獻是其他學者所沒有的，就是鼓勵與推動文學創作。由於長期與世界華文作家的交流與鼓勵，很多年輕作家後來都到威大教書或深造，以我認識的就有不少，如臺灣有丁愛真、洪銘水、陳博文、鍾玲、高辛勇、王曉薇、黃碧端、瘂弦、羅志成、古蒙人、周昌龍、蔡振念、嚴志雄、馬來西亞/新加坡有王潤華、淡瑩、黃森同、蔡志禮、香港有何文匯、吳瑞卿（兩人均沒有在威大讀書，但來往密切）、陳永明，大陸有陳祖言、陳致等。周教授的新詩常發表在《明報月刊》、《香港文學》、《新華文學》、《聯合副刊》、《創世紀》等刊物。同樣的，周教授也跟世界各地的舊詩人與書畫家有密切的關係，新加坡的潘受、大陸的劉旦宅、戴敦邦，香港的饒宗頤，臺灣的董陽之等，他對書畫不止於興趣，也有其專業性，如在一九九五年臺北書法界要編一本民初書法，特別請周教授回來臺北住了幾個月，把《民初書法：走過五四時代》編好。[37]因爲當今學者沒有開拓過這個領域，當他的學生們預備爲他

---

36 周策縱《棄園文萃》（上海：上海文藝，1997），頁 145-154。這幾篇論文都經過刪減。

37 周策縱（編）《民初書法：走過五四時代》（臺北：何創時書法藝術文

出版一本「七十五壽慶集」時，他建議以創作作品，後來便成爲香港大學出版的《創作與回憶》，裏面也收集了周公的新舊詩及書畫作品。[38]

由於他與世界各地的作家的密切來往，本身又從事文藝創作，他對整個世界華文文學也有獨特的見解，具有真知灼見。如上面提到的，他一九四八到美國後，就自認要繼承五四的新詩傳統，聯合海外詩人，尤其紐約的白馬社，繼續創作，他所編輯的《海外新詩鈔》就是中國文學發展的重要的一章，不可被完全遺漏。[39]一九八九年新加坡作家協會與歌德學院主辦世界華文文學國際會議，特地請周教授前來對世界各國的華文文學的作品與研究作觀察報告。他對世界各地的作品與研究的情況，具有專業的看法。在聽取了二十七篇論文的報告和討論後，他指出，中國本土以外的華文文學的發展，已經產生「雙重傳統」（Double Tradition）的特性，同時目前我們必須建立起「多元文學中心」（Multiple Literary Centers）的觀念，這樣才能認識中國本土以外的華文文學的重要性。我後來將這個理論加以發揮，在世華文學研究學界，產生了極大影響。

我們認爲世界各國的華文文學的作者與學者，都應該對這兩個觀念有所認識。任何有成就的文學都有它的歷史淵源，現代文學也必然有它的文學傳統。在中國本土上，自先秦以來，就有一個完整的大文學傳統。東南亞的華文文學，自然不能拋棄從先秦發展下來的那個「中國文學傳統」，沒有這一個文學傳統的根，東南亞，甚至世界其他地區的華文文學，都不能成長。然而單靠這個根，是結不了果實的，因

教基金會，1995。

38 王潤華等編《創作與回憶：周策縱七十五壽慶集》。

39 先整理出版《白馬社新詩選 — 紐約樓客》（臺北：漢藝，2004）。

爲海外華人多是生活在別的國家裏，自有他們的土地、人民、風俗、習慣、文化和歷史。這些作家，當他們把各地區的生活經驗及其他文學傳統吸收進去時，本身自然會形成一種「本土的文學傳統」（Native Literary Tradition）。新加坡和東南亞地區的華文文學，以我的觀察，都已融合了「中國文學傳統」和「本土文學傳統」而發展著。我們目前如果讀一本新加坡的小說集或詩集，雖然是以華文創作，但字裏行間的世界觀、取材、甚至文字之使用，對內行人來說，跟大陸的作品比較，是有差別的，因爲它容納了「本土文學傳統」的元素。[40]

當一個地區的文學建立了本土文學傳統之後，這種文學便不能稱之爲中國文學，更不能把它看作中國文學之支流。因此，周策縱教授認爲，我們應建立起多元文學中心的觀念。華文文學，本來只有一個中心，那就是中國。可是華人偏居海外，而且建立起自己的文化與文學，自然會形成另一個華文文學中心；目前我們已承認有新加坡華文文學中心、馬來西亞華文文學中心的存在。這已是一個既成的事實。因此，我們今天需要從多元文學中心的觀念來看世界華文文學，需承認世界上有不少的華文文學中心。我們不能再把新加坡華文文學看作「邊緣文學」或中國文學的「支流文學」。我後來將這個理論加以發揮，在世華文學研究學界，產生了極大影響。[41]

40　王潤華等編《東南亞華文文學》（新加坡：歌德學院/新加坡作家協會，1989），pp359-362.

41　王潤華《從新華文學到世界華文文學》（新加坡：潮州八邑會館，1994），頁 256-272。

胡說草：周策縱新詩全集

目　錄

周策縱先生手稿 …… 1

代序：被遺忘的五四：周策縱的海外新詩運動 …… 11

第一集《詩胡說》

竹 …… 41
五四，我們對得住你了 …… 42
紅豆（附「後記」） …… 43
飲馬篇－答別林咏泉 …… 47
天山 …… 48
咒 …… 49
詩人之死 …… 50
無地可歸者禮讚 …… 51
遠誓 …… 52
飛火 …… 54
綠 …… 56
朋友們 …… 57

太空人（自製「太空調」）……………………………………………… 59
葉影（前調）（同上之二）……………………………………………… 60
憶黃梅雨（前調）（同上之三）………………………………………… 61
噴射飛機－答德剛（前調）（同上之四）……………………………… 62
年紀（前調）（同上之五）……………………………………………… 63
往回（前調）（同上之六）……………………………………………… 64
白石……………………………………………………………………… 65
還鄉……………………………………………………………………… 66
嘗試者（一八九一～一九六二）………………………………………… 68
河媚……………………………………………………………………… 69
戲與詩－給張充和，在她表演崑曲後………………………………… 70
有人從那邊來…………………………………………………………… 71
巴黎……………………………………………………………………… 72
絕路－序王潤華的詩集《高潮》……………………………………… 73
題山水畫－爲長女聆蘭十二歲生日作………………………………… 74
還我大城（附蕭蕭賞析）……………………………………………… 75
頑石－蔡孑民先生之墓………………………………………………… 78
紐奧林司訪古…………………………………………………………… 80
長城……………………………………………………………………… 81
灕江……………………………………………………………………… 83
西湖……………………………………………………………………… 84
五四……………………………………………………………………… 85
May Fourth-by Chow Tse-tsung……………………………………… 87
甲骨辭…………………………………………………………………… 89
?人……………………………………………………………………… 92

南京晚眺……93
中秋——辛酉中秋與鍾玲和艾瑞
　　凱登沙田望夫山（附鍾玲小記）……94
八十年代寄四十年代……97
海外……99
三峽……100
胡說……101
書－梁實秋等著《大書坊》序詩……104
風箏－寄小女琴霓波士頓……106
湖水新十四行－猜（水詩之一）……109
清明（水詩之二）……110
秋水十四行（水詩之三）……111
挽歌……112
海濱之霧……113
春天的山……114
老人－時間二題之一……115
小蘭－時間二題之二……117
香港……118
姐姐……120
一條女人——一個歐洲女郎如是說……123
狂草……124
天和人……127
送別哈雷彗星……128
後當代——「中國當代文學國際討論會」上調王蒙……130
非馬嗎……131

A Non-Horse?-The Poet -Painter-Scientist Fei-Ma
（Non-Horse）mailed me some of his fine poems
and prose replete with superb humor.
So I wrote these lines. ………… 132
河 ………… 134
象徵主義和客觀主義 — 新商籟 ………… 135
奈何 ………… 136
南洋草木狀之餘 ………… 138
白橡 ………… 140
砍樹人 ………… 142
山水詩 ………… 145
答李白－十四行 ………… 147
洗血 ………… 148
「輕詩」三葉 — 題當代中國畫展 ………… 150
瓶花 ………… 152
四川橋牌 ………… 153
秒 ………… 154
讀書 ………… 155
鷺鷥 ………… 156
海峽十四行 ………… 158
新和舊 ………… 160
紅會 — 爲第五屆 97 北京國際紅樓夢研討會作 ………… 162
夜 ………… 163
巨大 ………… 164
新加坡風雨 ………… 165

西風 —— 爲廣東梅州林風眠李金髮百年冥誕紀念會作……………… 167
沒有…………………………………………………………………… 168
一聲…………………………………………………………………… 169
問訊…………………………………………………………………… 170
風色…………………………………………………………………… 171
哭溫健騮……………………………………………………………… 172
附（一）：天書 —— 贈周策縱教授………………………………… 173
附（二）：李元洛〈歌唱不老的青春 —— 旅美詩人
　　周策縱作品欣賞〉……………………………………………… 176

第二集《詩胡說續集》

補釘行………………………………………………………………… 187
「不」詩……………………………………………………………… 191
風詩五首……………………………………………………………… 192
舊稿新投（給「傳記文學」）……………………………………… 194
「風箏」的感想……………………………………………………… 195
杜甫的秋天…………………………………………………………… 196
子夜歌………………………………………………………………… 199
未濟…………………………………………………………………… 200
工具…………………………………………………………………… 202
自君之出矣四首……………………………………………………… 204
感逝…………………………………………………………………… 205
大道之行也…………………………………………………………… 206
微雨十四行…………………………………………………………… 207
Drizzle………………………………………………………………… 208

賀司馬璐戈揚新婚 210

第三集《海燕》

殷紅的悲歡（序詩） 213
昨夜 215
我讀過了她的酒渦 216
流水 217
月戀 219
聽鋼琴 220
信 221
我失去了 223
附：爸啊，只有你 225
夢想 227
時代早已變了 229
我加入了救火隊 230
我看見過黃河 232
星語 233
行李 237
雪 239
心 242
詩人 245
忍心 246
祖國的地圖 247
比較（賽山歌） 252
留戀 253

忠告……254
印……256
遊興……257
回信……258
瀑布……260
欺侮……268
人的路……269
蝙蝠……271
我要找到你……274
紅桃……276
車後……277
紐約……278
海燕……291
小鸚鵡……293
細雨……294
松樹……295
世紀中葉的悲歌……296
小小的要求……298
火炬……299
情願……300
給亡命者……302
簡短的一幕……304
別……305
你說……306
狹路……307

看風……………………………………………………………… 308
雕夢……………………………………………………………… 309
洪水……………………………………………………………… 314
月亮娃娃………………………………………………………… 315
紅葉……………………………………………………………… 317
雁來紅…………………………………………………………… 318
鬪爭……………………………………………………………… 319
溫泉……………………………………………………………… 320
磚 ……………………………………………………………… 321
奉獻……………………………………………………………… 322
照相機…………………………………………………………… 323
人叢……………………………………………………………… 324
落荒……………………………………………………………… 325
時空……………………………………………………………… 326
街樹……………………………………………………………… 327
無題……………………………………………………………… 328
重傷……………………………………………………………… 329
路 ……………………………………………………………… 330
我在大西洋裏洗腳……………………………………………… 331
舊衣……………………………………………………………… 332
牧羊的孩子……………………………………………………… 333
落葉……………………………………………………………… 334

第一集
《詩 胡 說》

竹

巨筆揮灑向天空
畫一幅潑墨雲霧
餘瀋一滴一滴成雨水
滃鬱地溜下來
黏不住翠綠的枝葉
挨在又圓又潤，又薄又明之間過活
忽然，忽然，泥地上
無數纖纖的筆尖也上伸　上伸
都爭先要寫向藍天
趁著春訊，猛地裡抖出生趣

一九三〇年三月于祁陽大營市竹山灣

五四，我們對得住你了

五四，我們對得住你了，
不管別人怎麼辦，
面對著危機，
我們都在一起了。

五四，我們對得住你了，
這周遭好亂啊，
大家舉起手來，
也不怕擁擠了。

五四，我們對得住你了，
他們都不去想一想，
可是我們這一代呀，
時間說，已不能相比了。

一九三五年五月四日于長沙。曾發表于長沙田漢和廖沫沙等人所編的《抗戰日報》，原作已失，稍有改正。

紅豆（附「後記」）

我知道這不是她水晶瑩瑩的眼珠，
也不是輕輕寫入湘水的雨滴，
只是墮樓人以淚血之訣意
在達芙妮嫩枝上
結著杜鵑底啼聲。
多麼留人的南國，
故鄉，我不意而遠別了，
竟遺落了這一顆，

就奉獻于我楚辭鄉嬛的書案。
她和我發蒙時讀書聲顫動過
春雨濕透了的同一空氣，
兩條流蘇小辮以飛燕拂掠
小窗前，我說了一句傻話她笑過，
藕色裙擺蕩過我風露的一夜，
從此，唉，從此……
讓我落幕時
纔宣佈這最初的一念罷。
這故事就這樣完了，話卻
比長江還長，秘密
比中國史還久，

只因我們初遇
是在豆蔻之稍。

一九三八年仲秋于重慶

後記：「聯合文學」要情詩，使我搜尋到這長久不想公開的舊稿，看來有點像是「遺作了」。

三十年代中期在長沙，有人贈我一顆紅豆，那晶瑩圓潤的小東西的確使我珍惜過，保存著，像是標誌真的有了一顆摯情的心。但抗戰的烽火一起來，爲了升學，倉卒中乘公共汽車經過充滿神秘傳奇的湘西，到了四川，朦朦糊糊裡不知在什麼地方把它遺失了。悔之已晚。這倒叫我更惋惜童年的一段感情來，其實也許是連什麼都說不上的遭遇，因爲那只是六七歲時幾個月當中的事，以後正像那顆紅豆一般下落了。

人生有各種不同的愛，動天地，泣鬼神，產生過無數傑出作品；可是我總認爲最令人蕩魂難忘的，還是那童年時最初而偶然的，既不經心，也不知叫做什麼的一念。古今來最擅長寫愛情的詩人和小說家往往能捕捉到這靈犀一點。所以李白「長干行」就從「妾髮初覆額，折花門前劇，郎騎竹馬來，遶牀弄青梅」寫起。這兒的「劇」字，像大家都知道的，是遊戲的意思，應讀作極或傑，與額同在入聲十一陌韻。這個字用得好，真有點最原始的天真的「戲劇」性。曹雪芹在「紅樓夢」裡寫林黛玉六歲時到榮國府和賈寶玉初次見面，寶玉這時也才七八歲，一見便說了些傻話，要摔掉那玉。這些作者無疑的都透徹了解這小時初次相遇的可貴，看他們娓娓寫來，好像連他們自己也活回頭去了。

「紅豆」如果算得上是情詩的話，並不是我最早的情詩，卻是我寫「最早的情」的詩。我六七歲時開始弄筆墨，父親就命我每天寫日記當「作文」課，天天寫下所見所聞和所想的來。他說，不用出題目，這是最好的訓練。我記得第一天記下來的就是一首山歌：

日頭出來滿天紅，觀音騎馬我騎龍，

觀音騎馬朝天去，我騎黃龍過海東。

這也許算是我最早的半創作式的「情」詩罷。後來才領悟到這背後頗有浪漫性和悲劇性，像「離騷」。難怪到了中學還要寫出許多七言絕句背時的情詩來，包括癡呆不堪的「和彭玉麟梅花詩百首」，發表在「長高學生」上，這真像我後來說的，該把它「字字宮裝古服埋」了罷。

本來，一離開故鄉瀟湘，就像訣別了浪漫的風情，然而霧重慶也極富於巫山和奧靈帕司山頭底迷惑，所以在「紅豆」之外，我還寫過一首長詩「亞坡羅與達芙妮」，發表在當時的「新蜀報」上，那是姚文元底爸爸姚蓬子編的。（多年後我到了美國，看見大陸天天把瘋子領袖叫做「紅太陽」，那真有點像在汙辱我兒時的情人，令人作嘔！）這些詩都已無法找到了。

當然，紅豆和豆蔻並不是一物，雖然我也知道有肉豆蔻、白豆蔻，和紅豆蔻之類。清朝李調元「南越筆記」等書說：「高良薑出于南涼，故名。其根爲薑，其子爲紅豆蔻。蔻者何？揚雄『方言』云：凡物盛多謂之蔻。（按今本『方言』皆作寇，此可補周祖謨『方言校箋』之缺。）是子形如紅豆而叢生，故曰紅豆蔻。」有人以爲其子未拆開者曰含胎，也有人以爲其含苞未開者稱含胎花，以喻少女。所以杜牧「贈別」詩說：「娉娉裊裊十三餘，豆蔻梢頭二月初。」吳其濬卻認為：「其花出籜中，纍纍下垂，色紅嬌可愛」，也就是「楚辭」中的杜若。這樣，我們又算回到南國去了。

提到南國，似乎江南人都喜歡說起長江，長江真長嗎？我那時讀到鄭板橋一首「六朝」詩：

一國興來一國亡，六朝興廢太匆忙，

南人愛說長江水，此水從來不得長。

幽默的板橋道人把空間的長硬說成時間的長了。他這不合邏輯的邏輯自然是詩的邏輯。西洋有句古語：「人生瞬息，美術千秋。」（Life is short, art is long.）我還覺得，極端真摯的愛情和「說愛」也可千秋，所以當時和了一首打油詩道：

六代興亡事固忙，麗華歌舞未曾亡，

詩人說愛千詩在，怎說長江不得長？

至於「話」麼，我以為更可兼時空之長兩義而言。不過世上也多的是虛偽和泛濫的「愛情」和「情詩」，說起來也難為情，所以回頭一讀自己多年前所寫的，又不免惶惑，那是故作多情嗎？

一九八五年八月八日于陌地生。載《聯合文學》第十五期（民國七十四年，一九八五，十月一日台北），又此詩選入《湖南文學》一九八九年第四期（一九八九年四月五日長沙）。

飲馬篇 — 答別林咏泉

林咏泉，東北遼寧人，時任中央政治學校上校軍訓中隊長。在此之前，《大公報》已為他出了「新詩」集，我在政校當學生時，常和他談詩。（那時在政校任總隊長的黃中將王輔，二〇〇三年八月于陌地生市。

隨塞外馬蹄得得而來的
一葉邊愁落貼在我故土焦土
蕭蕭，蒼蒼，舞一萬縷柳絲
嘯歌中你和高頭大馬和孔雀的驕矜
又去了。這回贈一管玉笛，當酒筵之尾
劍佩飄飄零落幾點雋韻
是翩翩沙漠少年該飲馬長城
冷，我們共噤過這俗界
所以傲冰雪于千里外
我期約，射虎敵後者的神句
霜草瓊根深嗇，種國魂而撫養著
更待十年後西窗夜雨
在蜀道外，或劍南，向巫峽和瀟湘
參商杯酒如今夕

· 一九四二年九月於重慶小溫泉。載《幼師文藝》，四十三卷六期（總270號）民國六十五年，一九七六，六月，台北。

天 山

我對天山
天
山
我

一九四五年剩稿，在重慶。載《聯合報》副刊（民國七十三年，一九八四，四月三十日，台北）。

咒

真的那麼靈！
只因說到了甚麼：
紫藤花下，那綠草
留著我們的野火。
「記得麼，曾經一陣雷雨……」
是過去使語言充了電。
你別唸了，聽秋風又來了。

一九四八年八月于美國芝加哥。載香港《明報月刊》九卷一期（總九十七期）（一九七四年一月）。

詩人之死

像雪地上躺著枯枝
以僵硬的倔強
昂頭挺起平生
月落也白
風來也白

一九五二年五月二十五日于安市

無地可歸者禮讚

學畢，友人多慫恿歸國，說：「不歸便只好終生在餐館裏洗盤碗。」時中國留外學人皆成「地避」DP（Displaced Persons），非我避地，地之避我也。因念褚厚之的舊詩有云：

西風一夜墜紅蘭，一宿郵亭事萬般
無地可耕歸不得，有恩堪報死何難
流年怕老看將老，百計求安未得安
一卷棄詩滿懷淚，頻來門館訴饑寒
及成此篇。
說無立錐之地也只說中了一半，
因為看來連錐也沒有了。
To go, or not to go, that is the question.
不去就洗盤碗，
去就洗腦，其實也只是個洗的問題。
雨雪霏霏，楊柳和我都將往矣！
故鄉的寒梅雖然早已著花了。
只是此無地可歸者還早些凋零。

一九五五年初春于安娜保（此詩未曾發表）

遠 誓

偶然在廢紙堆中，發現這
三十年前的舊稿，幾乎永
遠遺失了。初看還以為不
是自己作的；再四端詳，
纔算考認了。每個人一生
都有些最危機的時刻，這
也可以作證。

一九八五年八月二十日

「回來罷！時空
已到了盡頭。一望的水。
我等待過你，一千年，一萬年，
蒼茫直蜿蜒到上古。

你回來罷，回來！
回到冰期以前。
點點滴滴！聽，
我分裂一秒的鼓聲
緊急催你歸來。

深碧的地平線外你
已去得太遠了。」—影跡杳然
我體認過你那兒
有花，有星，有狂笑吃吃。
然而熱力解放已逸出于能之外，
毛茸巨掌內的小生命！
掙不脫的纔是鎖鏈。
我越跑越遠，
太陽血產又死亡。

一九五五年春。載《中國時報》（人間）副刊（一九八五年九月二十五日）。

飛　火

動盪~~~
像心血就
噴潑在？
天空，腥紅，炫，爛，
撒開一張（抓拿的活網）——
收縮忽然
又收縮
收縮
伸 ——
出
幾
秒
（然
而
的）
舌
頭：
　顛，
顫，
　紊 —— 繞

，糾纏，爆，
裂（碎
光無數
點點；點……
……）成
！瘋狂
（的烈戀）

一九五六年五月於哈佛。載《海外論壇》二卷七、八期合刊（民國五十年，一九六一，八月一日）紐約。

編者按：關於『飛火』一詩，作者自己曾來信說：詩本來自己會活著，用不著說話，更用不著作者來替牠說話或辯護。但我的這首詩（假如它還是詩的話）已寫了好幾年了，還不敢發表，原因是，覺得讀者恐怕有要求替它辯護的必要，而我最不喜歡作者來替自己的詩作註解。我們是現代人，現代人的感覺、情緒和想像都太複雜了，圖畫，文字，說話，和一切其他的表現工具都不够用。而詩往往想表達這種最難表達的東西，並且想把經驗全盤地，四度空間地表現，各方面同時呈現出來，用當下的，不隔的手法立刻呈現出來，於是語言與邏輯有時便有所不足，於是用什麼形式，音調，和意義的字，用甚麼方式排列，用甚麼符號，來表達什麼感覺，情緒或想像，便不能完全拋卻不顧了。現代西洋的詩竟有把文字拆散的，竟有「春天像一隻也許的手」（Spring is like a perhaps hand.）。

綠

一陣清涼
吸我於萬年的
深潭底。
如幽暗背後
的明澈，
沁芳茁長中
生意昂然，
黏有永古
的凝靜。

一九六〇年七月十日於哈佛。載紐約《海外論壇》月刊，二卷七、八期合刊（民國五十年，一九六一，八月）選入瘂弦編選《當代中國新文學大系（詩）》（一九八〇，台北）。

朋友們

朋友們散了，
像狂風吹散了
一堆種
子，草裏，
溝裏，籬
笆角落裏，
或頑固的石縫裏，
讓記念的月光來尋……

季節換了。
風暴吹折了大樹。
霜，雪，埋了一切。
總沒法兒找名字。
各有各的命
運或打算。

春天來了你也
該來了，一叢翠綠
中向誰招呼，
誰已永遠

埋在泥土裏了呢？

一九六〇年十月五日於哈佛。載《海外論壇》二卷七、八期合刊（民國五十年，一九六一，八月一日）。

太空人（自製「太空調」）

失去　重心　也沒有　塵慮
靈機　像星一樣　多
夢行者　騎上　夢想
泡沫　撞破　泡沫
遊魂般　向天頂　降落
為了　永遠的　追求
可充滿　空虛感
月光　不是伴

一九六一年六月于麻州西牛頓。載《海外論壇》三卷九期（一九六二年九月一日）；轉載于《八方》文藝叢刊，創刊號（一九七九年九月一日，香港）；又選入瘂弦、梅新主編《詩學》第三輯（民國六十九年，一九八〇年，四月，台北；成文出版社），以下五首皆同。

葉影（前調）（同上之二）

染透青苔沉重的憂鬱
　　偶然在小河裏游
替生命留下式樣
　　綠色伸出枯手
　　亂撒著一地的時候

或許被搖的倦了
閃躲到空谷裏
風也吹不起

憶黃梅雨（前調）（同上之三）

這裏哪來南國的淅瀝？
　　寄託最陰濕的愁。
半夜裏追索消失，
　　往事都已霉銹。
　　歸來呵，我的病，還有

不可救藥的不安，
　　丁香般鬱結著
　　浪漫與歲月。

噴射飛機（前調）（同上之四）
— 答德剛

— 答德剛（德剛贈我『街車』一詩，載《海外論壇》二卷一期，一九六一年一月一日。）

倘若虹霓拖一條雲路，
　　正如從風暴裏來。
我反抗，故我前進。
　　想像越遠越快，
　　吐出心要推走時代。

撕裂奪人的先聲，
　　一把火，一閃電。
　　從來不退轉。

年紀（前調）（同上之五）

咳咳，只有墳墓裏沒有
　　讓我翻個身的分。
慢慢地吹到一陣
　　微風，帶些霜花，
　　我不覺怎麼樣來了——

挨過紅色的笑聲，
　　紫色的刺心痛，
　　呆在折磨裏。

往回（前調）（同上之六）

我要喝盡月的光飛到
　　歌之旋律中心而
不回來顫慄烈於
　　蟬翅也有跌落
　　埋葬在化石的靜默

之底用回憶倒生
　　紅成綠而成水
　　由花開到根

白　石

從海邊拾回堅貞
用生水養著，晶瑩
而清新，推洗明
窗，誘天外的雲絮
一絲絲惹屋簷，如霧
過後池水天開，以初雪
的玉潔，吸皓月之魄，
渾然成慧的圓潤。
撒碎冰以點水明燈，
乃玲瓏剔透，不敢染以眼色，
穆穆如對古代的隱者。

一九六一年八月十四日於波士頓西郊。載《海外論壇》三卷七期（民國五十一年，一九六二，七月一日，紐約）

還鄉

古夢開花的時候，
白馬素車死腐了的時候，
我回來了。
我喊叫的聲音
迴蕩在我老屋的頂上。
風吹得這樣緊，
雪下得這樣深。
那根枯樹在發抖，
那塊空場死著攤開在地上。
空洞的走廊像個通風管，
亂塞著舊時的門窗。
斷牆還圍著童年，
只抬不起頹重的身子了。
我擦著山尖
隨著風聲盤桓。
我淒厲地叫著我回來了，
我儘叫著我回來了。
我小孩時懷抱過我的那山谷
回答說我回來了。
風吹的越來越緊，

雪下的越來越深，

我盤旋在空中喊叫。

一九六一年九月四日於西牛頓佛德漢路七十三號。載《海外論壇》月刊，三卷七期（民國五十一年，一九六二，七月一日）；選入瘂弦編選《當代中國新文學大系（詩）》（一九八〇）

嘗試者（一八九一～一九六二）

以盤古開天地的巨筆鑿透石
頭的心亮起燧人氏的星星之
火種古獄中用明澈獻白玉開
花於汙泥全盤苦心照耀而不
牽設奇想小心證果然必有什
說什直撼紅樓使店門搖搖招
蜉蚍鳴鼓來攻非主義而實驗
上帝也不過坐在山頂上為抗
議而存在儘追求獨立進步與
人的應得的一分容人自由點
起了千萬盞眼睛開了中國人
的嘴於是又摸索著新路而去

一九六二年三月四日胡適之先生逝世後八日作于波士頓西郊。載《海外論壇》三卷五期（民國五十一年，一九六二，五月一日）「胡適之先生追悼號」

河媚

捲起雲樣的心緒
讓河水牽著我
隨詩的餘波
向生也無涯而去

一九六二年仲夏。（未曾發表）

戲與詩

— 給張充和，在她表演崑曲後

這般騙人的身手
連自己也在內
就弄假成真了
哭，笑，都消失在
人與人之間，因為
林子是我們的敏感
所吹響的

有場纔可作戲麼
詩便在我們之中了
水仙發芽的時候
你別唱啊，我晃到
那野性的女郎
狂奔在江南風雨裡

一九六四年二月二十六日于威斯康辛的陌地生市。

有人從那邊來

有人從那邊來
說一切都好
梔子花清香撲鼻
湖水依然一片碧藍
固然昔日兒童的臉上
是多了無數皺紋了
可是都能說你當年的舊事
說你在田裡捉青蛙，捕魚
啕氣後哭得好傷心
連大人都落淚焦急了
于今只一點不同
孩子們穿了緊鞋子
都不敢任性哭了

一九六六年秋（未曾發表）

巴黎

是花蕊和少女做的，
不耐觸發地潑辣。
鵝黃淺綠外聞到
媚紅的溫鬱，連太陽也
銀色了。然
而推倒獄門者
仿古市上俠士遊行
歌中有畫，畫
蒸出歌哭，或
肉慾——酒啊酒啊！

一九六六年十一月十五日于巴黎。載《明報月刊》九十七期（一九七四年一月）

絕　路

— 序王潤華的詩集《高潮》

為自然而然 — 而悲哀
因失望的滿足與希望
乃拼命衝突，惜悔
在山水、血肉、雷雨
紅雲、白羽和清音之間
總無可奈何
永遠掙扎于撤退時
演出最詩的詩
本來是歷史
終于走上了一首絕路

一九六九年十二月十六日于陌地生。載《明報月刊》九十七期（一九七四年一月），選入瘂弦編選《當代中國新文學大系（詩）》（一九八〇）

題山水畫

—— 為長女聆蘭十二歲生日作

柳樹守著山
和水玩。
那人從橋的這邊
走到那邊。
亭子裡沒有人，
船會把他送來嗎？
我該在林子裡
等到天晴；
就算太久了，
也好陪著風，
爬到小山頂
去看日出。

一九七〇年九月六日在陌地生。載《聯合報》副刊（民國六十八年，一九七九，八月三十日），選入《聯副三十年文學大系（詩卷）》《抒情傳統》（一九八二）

還我大城（附蕭蕭賞析）

一九七六年八月七日遊墨西哥市革命博物館後作此，時西文報載，唐山有大地震，而大陸新聞則隱約其辭。

一想到那邊琉璃瓦下
碧紗窗裡盤據著一批
泥塑木雕，頭頂圓光的
怪物，和玉陛下廣場上
兩班文武哼哈一氣地吹播出
千篇誥謨，兩千年前的
萬行御柳還搔首弄姿，
一串串珍珠曉露依舊滋潤透
丹書特權，掩蓋在輝煌眩眼的
旌旗後面，鼉鼓應聲于
九曲迴廊欞匾上的描貼的金鳳，
髣髴是先公先王底威靈
又飛回來了，餓死的和壓死的
都排擠在朱門之外，而泥土裡
幼苗宛轉和焦枯掙扎，景陽鐘口
給封得密密嚴嚴的，不許
吐露出半點朦朧，也不許哭。

雖然單調震聾了世界，
卻是個沒有聲音的時代。
然而億萬人民底心是驚蟄了，
我們要唐山大城，不要大兄，
只好讓我們來攀下那一團火，
那熱門的驕陽，不管是
在地震之前或之後，把他
當做洩了氣的皮球一腳踢出去。
呸！我們不能讓故宮只有博物嗎？

一九八四年七月十八日于美國威斯康辛州陌地生市之棄園。原載《聯合文學》創刊號（民國七十三年，一九八四，十一月一日）

附：蕭蕭賞析

博物館往往是歷史文物的最佳寶藏處，是人類文明正面的存根，而北京的故宮博物館又恰好設在故宮，因此，在這首詩裡，一開始就是「琉璃瓦」、「碧紗窗」的古典文明，「千行誥謨」、「萬行御柳」的帝王威嚴，故宮博物館的特色正是這樣。彷彿還可以想見旌旗，遙聞鼉鼓，「髣髴是先公先王底威靈又飛回來了」。

到這裡為止，博物館的形象很明顯地就在我們眼前出現。然而，博物館是死的，現實才是活的，博物館是光明的、正面的，生活卻是陰溼而黝暗。緊接在「威靈又飛回來了」之後的，則是「餓死的和壓死的/都排擠在朱門之外」，馬上從博物館的歷史透視中飛回今日的現實。這樣的轉折，突兀而有力，乾淨俐落。

現實如何呢？

「泥土裡，幼苗宛轉和焦枯掙扎。」

甚至於還有帝王的壓制：

「景陽鐘口給封得密密嚴嚴的，不許吐露出半點朦朧，也不許哭。」

「朦朧詩」不許有，哭，更不可以。「地震」是「單調」的，「震聾了世界」，卻沒有一絲哀號、抗議的聲音，真的這樣平穩嗎？並不，億萬人民底心驚醒了，「我們要唐山大城」！主旨至此顯豁了。

頑　石

— 蔡子民先生之墓

這墓碑是我們久已忘失了的詩，真
實的孑零零的人民，在林林總總
的蟻骨叢裡，我摹索
百家姓，赫然只一方白石
上有丹書，後有荒草，儘茫昧裏
人慾潮沖洗剩這沙漠綠洲。
你們赤、白、黑壓壓的貨船
點綴著商島，拖一疋
濁海練，似數百萬終不改悔的
不肯執緋者，滔滔
東去，只淘不盡這工學砥石。
別人抹了粉黛的高墳，全盤伸出雙手
仍不足扶持一朵出水白蓮。
涅槃後鳳皇樹又灑滴滴翠 —
千點萬點並蒂綠珠影，借與
金谷幾片生意。這東方奧林帕司
山頂蒸鬱兼容並包的煙雲，偶然
擊下數聲閃電，自由大風
捲起馬尾松，君馬玄黃，

人民也已勞苦了！路旁小兒紅，
鼓掌辟辟啪啪，是雷雨。我摘一枝
紫花回來細讀，詩頁間夜夜
噓出春風，茁長更茁長，
天總不肯安息，看來洪水猛獸大學
又純粹，回頭，這頑石華人永遠永遠
索隱于海外孤島。

一九七七年六月二十五日于香港。載香港《明報月刊》一四三期（一九七七年十一月）；選入瘂弦編選《當代中國新文學大系（詩）一九八〇》

紐奧林司訪古

一千條街纏著蛟浪，
雨打馬克吐溫的密西西必河，
燈影下，海盜重訪烏衣巷。
我故鄉屋後菜園的泥土
貶作出山泉，同我
合污這蜿蜒的濁流。
龍涎醉我于鼓角沸騰的
法蘭西區，聽
隔座歌聲似黃河
遠上白雲。

一九七七年十二月二十九日於 New Orleans, Louisiana.載《聯合報》副刊（民國六十七年，一九七八，八月十五日）；選入《聯副三十年文學大系（詩卷）》《抒情傳統》（民國七十一年，一九八二，六月）

長 城

風雲擠我來塞上，
我海外出生的白髮
抗拒秋意。向這萬里古史
以恐龍的夭矯，纏繞
多血淚的時空。
脊珠貫串古北口和居庸，
從山海關到嘉峪關，
一磚一石疑古也疑今。
只這一條心 —— 為了我們必須
是我們自己。牧馬南奔
拖一線烽火追逐天狼，
越山而來的，好一個危機！
讓奴隸總管也登上了雲梯。
血蝕的鞭笞聲裏，孟姜女
哭得長蛇滾滾，不安地
翻騰枯骨。嚎啕與
呼嘯在風裏抓住我的夢。
直面對著北方，天地間
鋪一張沙漠帆布，
畫了萬山的典故。

是宇宙脈博引我獨愴然
昂頭步上一簇簇碉樓。
無數森峙的鱗甲
摩擦我琥珀的記憶。
我手掌揮舞巨浪，
我裂眦鎔潰皇座和金臉，
我的呼吸吹回北風，
嚴寒凍結了秦漢，
逕沒入歌之影的日月裏
看，飄飄然這地球的玉帶
萬里長城：
我們的祖先 —— 我們 —— 我們的後代

一九七八年八月二十日。載《聯合報》副刊（民國六十九年，一九八〇，五月二十二日）；選入《聯副三十年文學大系（詩卷）》《抒情傳統》（一九八二年六月出版）

灕　江

碧玉的水裡寫了幾筆山，
一篙掀起冷翠的牧歌。
我小時那湘妃的影子浸得濕濕的。
船輕輕掠過了她的鬢髮，
是出沒在雲裡的鳳皇，
駕著我去叩蒼天門，
瑤殿裡嫦娥的細腰蕩漾
舞我如水藻。
這一泓永恆的自況，
向瀟湘，向汨羅，向洞庭。

一九七八年七月三十一日。載《聯合報》副刊（民國六十九年，一九八〇，八月十三日）；選入《聯副三十年文學大系（詩卷）》《抒情傳統》（一九八二年，六月）；又《中華名寺古剎》第三冊「桂林．漓江」圖集（一九八二年元月，台北：地球出版社出版），及《湖南文學》，一九八九年第四期（一九八九年四月五日長沙）

西　湖

這一葉水
是天在地上打了一記印。
荷花笑作東風，
開了一船的女孩。
晚霞撒一網紅塵
勾引昨夜的斷橋夢。

只微波裡留有靈隱鐘聲，
只雷雨裡映出塔影。
不是南朝，
是詩人去後。
沉默，乃別有天地，
一代有一代的美。

一九七八年八月十二日。載《聯合報》副刊（民國六十九年，一九八〇，八月十八日）；選入《聯副三十年文學大系（詩卷）》《抒情傳統》（一九八二年六月）；又《湖南文學》一九八九年第四期。

五　四

五四永遠是我們的，
五四在我們家裡。五四
點一把風，吹透懷仁堂。
聽天安門開花了，
心血灑上白玉棡階，
一星星石榴——
少年中國的五月花。
這裡敞開每一顆心的門，
自由之門，我們的國門，
條條大路通人民。
當家作主的石獅子
從圖書館，實驗室，
從教室和監獄，
從商店，從工廠，
到紫禁區，到一田翠綠，
萬言的腳步踏起抗議，
宣告愛國無罪。
便算有罰罷！話說
一切拿證據來，
自適於人道與天道。

狂人翻一翻白眼，誰在
冷靜地看問題？
隻手把盤古
倒掛上疑問鉤，
把東風西風都放在天平上，
還有德先生和賽先生自己。
讓我們重新估一估秦權，
掘了威權的墳墓，
不能讓他開始，更沒有二世了。
這裡矗立起
新的學生新的士，
這故事要用白話來說，
這新潮定要
創造一個新文化嬰兒。
五四五四是將來。

一九七九年四月。載《中國時報》（人間）副刊（民國六十六年，一九七九年，四月二十八日），《新土》月刊第十期（一九七九年五月一日，紐約），汪榮祖編《五四研究論文集》（台北：聯經出版事業公司，民國六十八年，一九七九，五月）；英文節譯見薇娜·史華慈《中國的啓蒙運動：一九一九年五四運動的遺產和知識分子》（Vera Schwartcz, The Chinese Enlightenment），加州大學出版社，一九八六年；亦載我的《五四運動史》上冊（再版）（香港：明報出版社，一九九五年九月）

May Fourth

— by Chow Tse-tsung

May Fourth will forever be ours,
May Fourth is in our homes, May Fourth
Lights up a wind that blows through the Hall of Benevolence.
Listen, the flowers in T'ien-an Men are blooming,
the heart's blood sprinkling on the white jade steps :
starry pomegranets—
the mayflowers of young China.
Here, open the gate to every heart,
the gate to freedom, our nation's gate:
each highway leads to the people.
The stone lions—their own masters—
from the libraries and laboratories,
from the churches and prisons,
from the stores and factories,
to the Forbidden City, to the green of the fields,
their footsteps of ten thousand words kicking up protest,

proclaiming that patriotism is not a crime.
Let there be punishment! It is said
for everything, give us proof,
this naturally accords with the way of man and the way of heaven.
The madman spins and spins his white eyes; who looks at the problem calmly?
A single hand hangs P'an Ku the Creator
on a question mark,
puts the east and west winds on a scale,
and also Mr. Democracy and Mr. Science, themselves.
Let us weigh the authority-weight of Ch'in,
then dig its grave:
we cannot allow even the First to start again, let alone the Second.
Here stand firm
the new students, the new intellectuals;
this story must be told in plain speech:
this new tide will
create a new culture —
May Fourth — May Fourth — the child of the future.

Translated by Cordell Yee（余定國）

甲骨辭

笑我于三代以前，
一同來擺搖舞雲：
其自東來風？
其自西來風？
其自南來風？
其自北來風？
四季八方的風情
吟鑄成大九洲。
鳳翅龍掌摹
刻相思于山，于水，
點著十二朵芙蓉的願心
出水後綻開
我華夏之夢。
庚子夕，暈，王卜
于紫禁城罌粟香中，
不穫獸，沉萬玉于昆明湖。
庚子又卜東郊民，
紅燈照耀萬壽長廊，和
金鰲玉蝀橋美麗的空洞。
迄辛亥朔，龜山蛇山民呼，

逐鹿歧路，奠一杯酒！
向煙水茫茫而去。
黃昏，都督步自
外灘大邑商。
紙筆墨硯，龜與火，
一齊昂頭抗禱天安：
卜羅米修士，來日威權曷喪？
巴渝猿聲聽個不眠，
白雪蒼松為天地立志。
轟然，大火之後，弓矢于
兩岸，大紅花炮高聲
噼啪！噼啪！噼啪！
鬬爭于黃帝與蚩尤之間，
又一次天傾西北，地陷東南。
既死霸，外賓貞：天山之雪
抑大禹嶺之蝶？
向天問者，乃開花的口，
五千年後仍捏一把疑問：
無論青色紅色、或綠色湯武，
春草其受明年？

註：按甲骨文中有「其自東來雨？其自西來雨？其自南來雨？其自北來雨？」的卜問辭。此詩改用風字，特出東風、西風和北風（蘇聯）等。鴉片戰爭實起于庚子（一八四

〇年）林則徐焚英鴉片船，英艦乃攻虎門。兩年後有江寧條約。又義和團事件亦起于庚子（一九〇〇年），八國聯軍乃攻北京東交民巷。又甲骨文中有「大邑商」(原指殷商的首都，此指上海外灘大都會的商業區)「賓貞」（賓乃貞人之名，此指「外賓」）「受年」（在甲骨文中指受豐年）。

一九七九年十月二十日。載《聯合報》副刊（民國七十年，一九八一，五月七日）；選入《聯副三十年文學大系（詩卷）《抒情傳統》（一九八二年六月）

?人

——夢中得此詩將成，醒時已近黎明。疑問號素無音讀，姑讀如「訊」或「聖」如何？

不死不止。
你要做他也罷了，
總得照那個規矩：
誰也可以做他，
塗之人。

皇冠
垂衣裳，
而亦不知何斯搞的。
那謀之後
又啥謀嘛？

寧撰校書無雙傳，
也不去
喊太陽。
真古板
無藥。

一九八一年二月十二日，于陌地生。載《聯合報》副刊（民國七十六年，一九八七，六月十四日）

南京晚眺

幾首晚霞把六朝的江山送來
霍地喚起一群烏鴉少年
衝向夕陽，要飛掉過去的黑
還是飛向未來的黑呢

一九八一年五月六日。（未曾發表）

中　秋

— 辛酉中秋與鍾玲和艾瑞凱登沙田望夫山（附鍾玲小記）

因為我們都有
月亮，所以
巖巖的高山上
有月亮，所以有
幾滴螢火就有幾盞
月亮，有孩子們
　　「古古！古！」
幾隻燈籠，燈籠裏
有幾篇故事。
九條龍，三匹賽馬，
一隻玉兔，跑狗追逐於
戰車，嗖一枝火箭
牽去蝴蝶翩翩夢。
姮娥回顧著
岩石，水稜眼
劈兩片秋，
　　「古！古！」
任濺來一縷眼波

直穿織王摩詰的蒼松。
水晶石，是浸透了湍馨的，
水晶石，是披著一身
白紗的女神，我們就坐在
月光上，（孩子們用腳步
噤瘖覷林的蛙板）
讓呢喃秋話，喚回
古典的中國人。
於是月亮和我們都望著
古人，矗立在山頂上。
直到明天……

註：九龍望夫山頂有石矗立如人像，人稱之為望夫石。山以此得名。

一九八一年九月，在香港雅禮賓館。載《聯合報》副刊（民國七十年，一九八一，十月八日）

附：鍾玲賞析——一片祥雲

這兩天接二連三發生了不少令我欣喜的事，使我對香港這個地方開始產生一種歸依的感覺。

話說一個夜晚，某位老師傅帶著一個徒弟，一個徒孫，踏著月色入山。可別誤會了，我們不是胡金銓電影中的武林人物。中秋節之夜，我邀請周策縱先生及艾瑞凱小姐一同到望夫山賞月。

周先生是我以前在威士康辛大學唸書時的老師，艾瑞凱是我當年在美國教書時的學生，難道這不是師傅帶領著徒子徒孫？

我們爬到半山，在一道石板橋上坐下，凝望山頭的一輪明月。這時一對年青夫婦帶著一個五六歲大的小孩爬上山來。他們在橋邊的石階上面對我們一字坐下。忽地艾瑞凱手上的燈籠撲一聲熄滅了，我們三個用國語說，糟，火柴沒了。那位坐在石階上的媽媽用廣東腔的國語對我們說：「我有火柴，給你們。」這簡直不可思議！在香港，連化日光天走在大街上，也要緊緊抓住皮包，防人打劫；而在這黑黝黝的荒山上，四顧無人，他們三位跟我們三個竟能毫無機心地坐在一處，還伸出友善的手，這真奇妙。

後來我們三個又找到一個好地方。王維筆下的「明月松間照，清泉石上流」活生生地出現我們眼前。我們爬上小山溪旁的岩石，仔細品味這清幽的景緻。這塊岩石座落在山徑旁邊，徑上踏月的山客絡繹不絕。艾瑞凱手上的燈籠映出她那張隆鼻藍眼的洋人臉。差不多每隊經過的人，都對她親切地用英文打招呼。艾瑞凱感動得不得了。她說：「我來香港六個月，這是第一次本地人主動地、親切地與我打招呼呢」連警察也特別活潑。那兩位巡山的警察，每次見到我們三個都說些俏皮話，諸如「怎麼你們還沒有轉移陣地？」之類。我望著紗般籠住明月的一縷薄雲，心想，今夜必定有一片祥雲覆蓋在香港之上，帶來這股詳和之氣。……

香港《明報》一九八一年九月十八日「群英會」

八十年代寄四十年代

——為「中國現代（四十年代）文學研討會」開幕典禮作

嚴冰裂兮密雨傾，
巖鷹啄我兮肝膽復生。
定情託古國於遠瞻兮，
惓惓雖九死其必鳴。

纔從美夢惡夢裏旅遊回來，
我用遙遠的手握住你的除夕。
你烽火燒殘的歲月留我火種，
充滿硝煙的空氣給我呼吸和吶喊。
五千年歷史不能做奴隸，
你是站起來了，對著焦灼的太陽。
饑餓，屠殺，又生春草。波濤翻不了你的
船。你踉蹌穿過煉獄，倒下去又站起來了。
然而風雨沙場上沉埋了我們聯合之寶劍，
畢竟你的勁敵就是你自己。
你簡直的箭步領我經歷了什麼呢？
折磨過的靈魂能把浩劫抹殺掉嗎？
自然，這裏仍然有芬芳的泥土，
青山綠水，皓月明星，好招惹人啊！

東南有高樓，大車小車的長江直下三峽。
超級市場出英俊少年幾手絕招，
碧桃蔥嫩嬌人，將醉我以酒渦；可是
這跑道上駿馬踢不起你塞外的蹄聲。
即使走到兩岸落英繽紛，
我總不能忘情于你這源頭，我依然
牢牢牽住你巨大而悲劇的影子。該先走向
自由，還我自作主人的夜明珠罷！
讓我們的筆來串成瓔珞，造
天山頂上開明的七寶樓台。

一九八一年十二月二十一日于香港新界沙田。載香港《新晚報》（一九八一年十二月二十二日）；《聯合報》副刊（民國七十一年，一九八二年　月　日）；及香港《文藝雜誌》季刊創刊號（一九八二年三月）。

海　外

一心披上遊覽圖
去攀登蒼翠的懷古：
夏季風翻開
荷葉像故鄉，
脈絡裡有田野荒徑
連串兩三個村落——
是纔灑了的幾滴雨點，
好一幅劫後的長安！
每顆亮晶晶的水晶球裡
突然朦朧著李白底醉眼，
兒童當然已不相識了，
説是舊的都破了。

一九八二年六月載《聯合報》副刊（民國七十二年，一九八三，十一月二十六日）

三　峽

只讓風探索過
月亮剛一觸岩鬢
就嫣然笑出明眸
汽船挾著時間落去
先聽到回聲
和背後爭吵的波浪
不斷地滾啊滾啊
陣痛中兩岸捏出別一天地
可是又給神女梳過的雲
烏黑了萬顆山頭
一轉向纔出得
歷史的八陣圖來

一九八二年七月在長江船上。（未曾發表）

胡　說

——薛寶釵：「詩從胡說來。」（紅樓夢第四十八回）

我追逐一匹野獸，
她越跑越遠。
我心的鏡子卻看著她
越來越近，
威脅著迎面奔來。
我攤開兩臂去擁抱她，
砰一聲滿地繽紛
撒了她萬千頁美。
我血淋淋負傷
而去，「這一去，
一輩子也別來，
也別說話！」我永遠
永遠向萬千個方向
追逐。

我去挽一隻鳳皇，
她越飛越高，但我只見她飛向深淵
向我一潭止水撲來，

嬌破天驚
濺了滿空翠羽，
我浸解在五彩裡。

有一句話，
我不追到她
到我消滅不止。
「大正月裡，這些
沒要緊的惡誓、散話、歪話！」
為了她，我把
桂冠掛在那金榜上了嗎？
臨了，又怎麼樣！
我是得到了她
還是失去了她，和我呢？
我的野性，
我的文采，
我綠楊後面的皓月，
我整個世界。

註：紅樓夢第二十二回

寶玉…說道：「…別人分明知道，不肯說出來，…」「我倒是為你，反為出不是來了。我要有外心，立刻就化成灰，叫萬人踐踹！」湘雲道：「大正月裡，少信嘴胡說，這些沒要緊的惡誓、散話、歪話！說給那些小性兒、行動愛惱的人、會轄治你的人聽去，別叫我啐你！」

寶玉…自己轉身回房來。林黛玉見他去了。便知回思無趣，賭氣去了，一言也不曾發，不禁自己越發添了氣，便說道：「這一去，一輩子也別來，也別說話！」

一九八二年十一月十八日。載《香港文學》創刊號（一九八五年一月五日）又《聯合報》副刊。

書

── 梁實秋等著《大書坊》序詩

書是人讀成的
我相信她不
要相信她
一頁又一頁
朱唇圈點著
我白玉的初戀

翻到日出而息
琬琰底小鉢
封住古帝子
未了的遺囑
蝴蝶裝褶疊
在蒼梧曠野裡

魯國故城下的
楷木用年輪
編纂作春秋
小子何莫讀
日月與山河
不斷的增訂本

騎著青牛去了
把小慧留下
有時用黃石
敲出一星火
再從魚腹裡
掏出漢魏晉康……
龜甲磨成龍骨

或埋在沙裡
依然繡像出
瞿塘和山陰
脱簡處接上
海外東經之脈

槍桿子出秦火
可春風一吹
死灰生梨竹
用大字寫得
血淋淋的活
讀倒了紀念堂

一九八三年夏載《聯合報》副刊（民國七十二年，一九八三，七月二十日）；紐約《世界日報》（一九八三年七月二十七日）；並載梁實秋等著《大書坊》書前，作此序詩（民國七十三年，一九八四，七月，聯合報社出版）台北。

風　箏

— 寄小女琴霓波士頓

十億雙視線牽住
斷不了緣的黃口乳燕
呢喃應和著叮嚀
在野草橋邊軟軟的春風上
失眠，也和尋常秋雲底
涼薄掙扎，認命飄零到末了。
令紅塵劫機者徒然，

而你永遠撐回驕陽，以呼吸
拍著地球轉側又浮沉，
或者是翱翔于古城邦山頂
館娃殿上空的貓頭鷹
與橄欖枝一同誕生自頭風，
或胡茄中孤雁在東都流亡之後
俯瞰海港外的文藝復興：

無方無外的遠遊
引我以昇華和清高
蒸舉此擁別傷感之手掌

向碧璇天盤撒一把明珠，
我烈士暮年的纆繩綳展到
已無田園、樓閣、和
閭里可倚傍，總不甘心

故家辱沒于人煙密處，
敢情是把心一橫
只為了滿天自由
躲藏般抗拒拉力，挾著
五彩虹霓彎弓欲發
露珠上僅彈回一顆影子
栩栩然活著，風落如雨……

欲吐盡游絲，搜遍地圖
月殿裏尋不到姊姊，
雖撲燈蛾然亦非失魄，
但異代的湖光山色
仍遙寄遠適異國者以鄉愁
水天之際，淡淡地，
晚涼之初，淡淡地，

而慣壞了啼笑的童年
哇地招手如吸，正攀
釣得搖搖欲墮的最高星群時

你緊張顫慄的琴絃上
辛苦牽掛著這一生
用回憶之絲電觸我血肉，
存在，只要還有根的時候。

一九八三年二月一日，于陌地生之棄園。

註：（為不讀我詩者作）

湖　水

新十四行 — 猜（水詩之一）

青
菁
晴
淸

鯖
蜻
婧
倩

晴
靚
精
請

情
靜

一九八三年三月二十六日。載《中國時報》（人間副刊）（民國七十二年，一九八三，十二月四日）；《明報月刊》二一七期（一九八四年一月）

清　明（水詩之二）

露

一九八三年三月廿六日。載《中國時報》（人間副刊）（一九八三，一二月四日）；《明報月刊》二一七期（一九八四年一月）

秋　水

十四行（水詩之三）

啜飲過落葉的歎息，
一痕霜意還飄蕩在
波紋細腰的周圍，
洗滌過的月光灑了一淌
淡涼，捲起漾碧漪。

無根者在水晶沙裏埋不穩
輕鬱，但任憑詩慮浸沉到底。
你是魏晉之間一個女神的腳步，
長安水仙少年睇視過影子。

悠悠流去了江山千古之後，卻
恍惚稚弱得載不動時間，
淺渦擴散成清澈，只餘
半絲槳聲，西風一吻就溶解
而消失了自我。

一九八三年八月十五日。載台北《中國時報》（人間副刊）（一九八三年十二月四日）；香港《明報月刊》二一七期（一九八四年一月）；《自立晚報》一九八四年五月十八日；北京《台港與海外文摘》創刊號（一九八四年十一月二日）。美國波士頓《秋水》半年刊第十七期（一九八七年）。

挽　歌

葬我于太平洋啊，
　太平洋之水；
北方招我以熊熊啊，
　我不醉寧無歸。

葬我于太平洋啊，
　太平洋之波；
南方招我以企鵝啊，
　我與風雪同歌。

葬我于太平洋啊，
　太平洋之雲；
西方招我以岩鷹啊，
　我翺翔于高墳。

葬我于太平洋啊，
　太平洋之夢；
東方招我以潛龍啊，
　我與地心認同。

一九八四年三月十六日，于美國加州西岸車中。載《聯合報》副刊（民國七十三年，一九八四，四月三十日，台北）。

海濱之霧

尋不回
莊子和惠子
在濠上的
爭辯，
只遙望
那兒有
哀樂的逃亡藪，
有有也有無，
浸漬在濤聲裡
又浮溢起來了，
然而
也
不一定。

一九八四年三月十六日，于濠特壘。載《聯合報》副刊（民國七十三年，一九八四，四月三十日）。

春天的山

春 天 的 山 來 了 ！
春 天 的 山 來 了 ！
春 天 的 山 向 我 走 來 了 ！
我 們 的 心 來 了 ！
綠 萼 紅 蕊 ！
來 了 來 了 ！

一九八四年四月九日，晨五時枕上。載《聯合報》副刊（民國七十三年，一九八四，四月三十日）。

老　人

—時間二題之一

是在夢裡：
在風雪飄零的
搖搖欲墮的茅屋裡，
一個衣衫襤褸
瘦削的老人，被包圍在
一群憤怒的青年中，
責難的手指猬刺向他：
你錯了！
是你的過錯！
只有我們對！
全是你錯了！
老人沒有聲音，
睜開陷銳的雙眼，
急促地撐著兩枝枴杖
歪歪倒倒，直向門外走去，
但青年們都跟上前
用體溫簇擁著他消失了，
一同
在嚴寒的大風雪裡。

一九八四年四月九日，清晨。載台北《自立晚報》（民國七十三年，一九八四，四月三十日）；《香港文學》月刊，第八期（一九八五年八月五日）

小　蘭
——時間二題之二

大鬍子伯伯

底膝蓋上

坐著

長長的

故事，

小手托著

大眼睛，守住

黃昏燈，

悠悠超越了

又一個

世代。

一九八四年四月十五日，晨，于陌地生。出版同上詩。

香　港

誘惑。
高樓底細腰
在風裡搖擺。
海上有山，山上作
雲雨。

一陣傳說對你吼哮，
你底木棉樹依然
開花。千萬口窗
向我們
用眼睛走出海外。

港裡的船桅
直指到
月亮和火星，
那兒有鞭炮
點起了生意。

周身都浸在
說話的水裡，

一顆珍珠像荳蔻
把青春的憂鬱
都凝結了。

要七彩霓虹燈
裡的歌喉
和我少年時代
締約，你，
你怕回來麼？

曾經讓颱風
搖出智慧來了。
一生都在掙扎裡，
又聽北風，
又聽綠蕊。

一九八四年十一月二十日，于美國威斯康辛。載《香港文學》第二期（一九八五年二月五日）；《中國時報》（人間副刊）（民國七十四年，一九八五，三月十四日）

姐　姐

姐姐揹著我 —— 就這樣
我開始有了記憶，有了天地。
好像黃昏都是我們共有的玩具。

初春草地上蝴蝶飛呀飛的，
我一會兒跟著牠，
一會兒跟著姐姐，
一會兒全失去了她們，
只跟住了金黃的菜花香。

禾場上蝙蝠隊向蚊幫亂衝，
男孩們和女孩們追著黑夜。
明天中午姐姐起來
說，今天不能再亂了。

我活捉到了一隻青蛙，
鞋子都淪陷在泥沼區了，
姐姐也笑啦，可是她卻高興得
學起母親底呵斥聲來了呢！

每次門外叫賣針線的一來
姐姐底時候就來了。
杏蕊淡淡地綻開水紅的年齡，
藕絲繡出一刻又一刻。

姐姐不説的我都猜得著，
可是她總以為我不知道。

桐油燈下説了許多故事
我幾乎都忘了，
只記得她説時的眼睛。

有一天清早，她對著雪唸給我聽
説是首唐詩，
「什麼意思麼？誰知道！」
於今我明白了，
是李白替她寫的，
裏面盛滿了明珠和眼淚。

蒼白色的月光斜倚在石碑上，
在那裏，她每夜還吟著這一首罷。
而紫丁香葬滿了院落底深沉，
圍牆外只一片荒原。

雖然那乘哭泣的花轎送走了姐姐，
也送走了我雷雨的童年，
但我真能長大嗎？
我憤怒地想起
有隻魔手抓住了她底頭髮。

今年草上的蝴蝶還飛來飛去，
我踉踉蹌蹌又跟著牠，
快七十歲的鞋子也濕透了，
我們終會走到
一淌不再滴答滴答的
止水底天地。

一九八五年五月十四晨四時于陌地生。原載于台北《聯合文學》月刊，第十七期（民國七十五年，一九八六年，一月）；轉載于新加坡寫作人協會（後改名新加坡作家協會）編《文學半年刊》第十七期（1986 年 6 月）

一條女人

—— 一個歐洲女郎如是說

翠綠公園底長凳上一條女人
彎著身子，腕骨折斷的
地方皮膚開了花
像沙漠上一條蛇底滑溜溜的背脊
一條女人哭出灰塵和挺張的嘴唇
黑色的，根扎得緊緊的
在漂白的頭髮下面
孤獨地，翠綠公園底長凳上
一條女人摔倒在街上
紅綠的車群奔馳
過金黃和淡紫
膝蓋撕裂了工裝褲
兩腳從膠底鞋滑出來
一個空廚房二個乾涸了的
洗滌槽，一條女人咳嗽出
空洞的房間和汽車喇叭底回聲

一九八五年六月（未曾發表）

狂草

千里萬里千年萬年千馬萬馬
千絲萬絲千點萬點……
好一生的憤鬱衝破了
巴斯底，
日出月落，天門一開便是酒底天下，
五指驚蛇入草，呼嘯起
風雨，一陣呼嘯又一陣呼嘯，
一聲雷破一剎電閃，
蛟 —— 龍 —— 沒頭沒腦的，
雲生雲起雲來，雲釀了
一宇宙的黑，一心煙霧煙霧，
霧一首之白，一首
又一生，從頭活起橫豎活錯了，
打一個圈，一瀉又千里又千年，
這一鉤桀驁，不馴到此路不通，
黑白擁舞著星空大戰的電鞭，
全世界移民，熔鼎裡煮出
干將莫邪，看寶劍
這一招，你江湖也不豪傑，
唰一篇遠古的老話和窮鄉的土白，

錦瑟無端逗出了樓頭春雨，
內戰外戰屋都漏了，還要爭路，
還要虎臥鳳闕，從游龍戲鳳
直演到活捉三郎，
宮娥女掌銀燈引歸羅帳，
聽他言嚇得我……鼙鼓點滴，
大峽谷噫氣，海以毛髮人立，
推翻，推翻九九五七一，
暴雨落得花鈿委地乃玉碎，
縱死在黃泉，一筆筆
都飛到九龍壁上
稱王稱霸，一分一合一文化，
一枝火箭寫透一幅朵雲天，
鎚爛一首七律一首長歌行，
八卦雨血，倉頡之鬼直發抖，
這一筆是個世界，
只有一個世界，然而
開花的都開，
會笑的都笑，
要哭的都哭，
想逃的就逃，
能動的都動，
不的也急急如律令，
嗐，這潑辣，這驚險，這不停……

一九八五年十月五日。載《香港文學》月刊第十三期，一周年紀念特大號（一九八六年一月五日）

天和人

蜜蜂搖幌著電腦
雷達近鬱金香腮
風擠進來蕩一蕩
惹落了幾滴淚水
便專賣作鹽或甜
自然會尋覓趣味

一九八六年二月二十五日。（未曾發表）

送別哈雷彗星

你去時，留戀的裙帶
像去又不肯去，
殷紅的臉顯得慘白，
把如雪的衣裳都襯淡了。
三千萬里長的慧髮
也掩蓋不了時代底憂愁。
你從無來處來，不去處去，
他們總有一天能找到你老家。
你再來時我肯定會
以麻木的灰燼再迎接你，
嘆聲棄婦棄子，還別掃除我，
反正你來也不過是多此一舉，
每個流水的季節都有繼承，
像朝代，這又算得什麼呢！
我們只錯過一些兵馬俑
守護下的血淚遺事。而當你
再來，那必然是雛菊或
寒梅再開的時候，
要不然，你也許會
見到紫丁香，或者

清風裡的白蓮。牠們
依舊會鬱結著
你我昨夜的邂逅，
像災變一樣。

一九八六年四月二十五日晨于陌地生棄園。載《聯合報》副刊（民國七十五年，一九八六，五月二十六日）

後當代

——「中國當代文學國際討論會」上調王蒙

別慌！也別怕！
我們帶著迷糊和
吵鬧的風雨來了，
把夜的眼
也拖下了水，
弄得滿頭滿紙
汪汪濛濛，
讓春風等待
最當代的蔥綠。

註：王蒙小說名「夜的眼」，被反改革的教條派批評為朦朧作品。白樺把這詩當眾朗誦了一遍，在座的有劉賓雁、謝冕、舒婷等多人。

一九八六年十一月六日，上海會議席上作。載《文星》月刊，一〇七期（一九八七年五月一日）。

非馬嗎

—— 詩人兼畫家和科學家非馬，寄來詩文，逸趣橫生，爰有此作。

孫兒把我當馬騎，
我能是「非馬」嗎？
他「鞭影」一搖，
我就變成了一匹「龍文」，
一徑馳驅到
沙發的邊疆之外。
他忽然大聲一叫：
Gong-gong, wake up!
我才發覺自己
醉臥在玉門關的沙場上。

註：我五六歲時，父親命發蒙讀「四字經」《龍文鞭影》：「龍文」者，據說是古之神駒，「見鞭影而絕塵」，喻兒童有天才，無需鞭策，就一日千里也。

一九九六年十二月二十日，于美國加州阿爾巴尼市匹爾斯街五四五號三二〇七寓。

A Non-Horse?

— The Poet –Painter-Scientist Fei-Ma (Non-Horse) mailed me some of his fine poems and prose replete with superb humor. So I wrote these lines.

My grandson uses me as a horse to ride.
Can I be a "non-horse"?
He waves his "whip-shadow"
No sooner than I become a "dragon the elegant" (Fine horse)
which swiftly gallops and goes beyond
The edge of the sofa's frontier.
He suddenly yells,
"Gong-gong, wake up!"
Not until then when I realize that I have been lying in a drunken stupor
At a desert battlefield by the Jade-gate Pass.

PS.：When I was five to six years old, my father sent me to school to study the four-word classic, Lung-wen bian-ying (Dragon the Elegant (a fine horse) under the Whip's Shadow). It was said that the mythological dragon the elegant will run thousands of miles when it sees only"the whip's shadow". The legend is alluded to a talented child who will advance in study voluntarily without any reprimand.

河

捲

一九六二年仲夏。（未曾發表）

象徵主義和客觀主義

— 新商籟

艾略特注重歐洲傳統的象徵主義，龐德和威廉士卻偏重客觀主義，美國後來年輕一輩詩人多習從客觀之說。然論者懷疑，若就詩言詩，兩說有什麼區別呢？

回音在石壁上
蓋了箇印，
石壁也把
回音蓋了箇印。
是風蕭易水的歌聲
還是田橫的大墓碑
留下了指紋呢？

女兒輕聲吻過
父親老皺的臉，
讓考古家發掘出
風和愛的化石來，
用碳素探測到遠
古，多少光年以前，
看女兒長回到童年。

一九八七年五月二十三日清晨，于陌地生。載《聯合報》副刊（民國七十六年，一九八七，六月十四日，台北）。

奈何

你牡丹的酒渦
已淚枯萎地
即使我吮起那一瓣
皺癟了的口紅
五十年前永遠是昨夜
杜鵑也喚，琴絃也喚
你的的歌喉的夢囈
哪裡去了？
而簾外，春雨總泣訴不停
釀濃遠遠的一岸綠
我鬚髮再萋萋綿綿
忍心飄蕩如歡笑
駿馬香車驕遊遍往事
直駛進你瑤台藕花深處
驚起萬家燈火
和一代紅塵
在涉江哀郢之餘
放逐與孤芳之間
剪湘水纏你的舞腰
纖纖嬝嬝成簷溜

不斷地沉淪
從九天到九泉
覺醒時古人已去了
卻留下明天

一九八七年六月六日芒種黎明。載《聯合報》副刊（民國七十六年，一九八七，七月十一日）；又載《香港文學》

南洋草木狀之餘

我搭了鄭和底班機，
沒有帶傘來，
因為這兒有雨樹——
這為了落雨而認命的綠珠。
那天在她青根之下，淺水之湄，
坐著一尊青蛙，他眨一眨眼
就跳過了我天涯比鄰的胡姬花，
我二十年前驚豔過了的，
依然給人家底籬笆隔離著，
雖然如今已是滿城滿谷的
瀟湘館和怡紅院了。
在旅館頂上的酒樓裡
月亮就靠近我身畔
一同俯看一海的蒼綠。
人們說：南洋底花木
都給詩人們寵壞了脾氣。
果然，她們用比太陽還熱的風情
把我寫在芭蕉葉上的詩句
蒸發得模糊潑辣，
都鬱騰騰地，它們

自 己 朗 誦 了 起 來 。

丁卯中秋于新加坡攀旦谷寓爐。（爲一九八七年十月九日新加坡作家協會中秋迎月晚會詩歌朗誦作）。載《聯合報》副刊，一九八七年，十一月十二日，又載新加坡《新明日報》（一九八一年十月），及新加坡作家協會《文學半年刊》第二十期（一九八七年十二月）。

白　橡

一九八八年春季，客座于史丹福大學，所寓校園窗外，盤「踞」巨大的白橡數株，如虬龍夭矯，爰有此作。

億萬年前早已落地生根
卻還攀住天空死不放手
鵾鵬也已棄巢而去了
難道還屑於攬雀尾麼

屈指
握拳
揑訣
騙著空氣虛晃一晃
把雲撕得稀爛
可惜抓不破霧
和時間，但反手一扣
就點了松鼠的寶穴
因為搜索乃儲藏之反
千手，卻非如來
也許從牧野
從特羅亞
直抓到白宮或紅場

或紫禁城的權
綠葉飄一隊越女蛾眉
春殿裡描頁頁青史
（當然，秋霜後該是
血淚的丹史罷）

月光侵入莊子的
椏權之瘻腦浮一大白
狼藉縱橫的影子
就曚曨大醉了
肢幹伸癱到邊疆以外
沒遮攔地睡滿了一地
空白處像睜開白眼
乜斜著向蒼天
回覷自己——
這木中的巨象
不，這人的傳龍
還雄姿英發於白髮
朝朝暮暮，指日指月
只為了個
要

一九八八年戊辰六月于加州史丹福。載《聯合文學》五十四期（民國七十八年，一九八九，四月份，台北）

砍樹人

只要四百塊，老先生，
再不砍掉，那株年輕的海棠
給壓得悶氣，會不開花了。
一切一團糟，全怪這老傢伙。
看你庭前滿地枯枝落葉，
比你校書還更掃不盡啦!

　　不用不用，這螺絲錐柳樹麼，
　　是我親手栽培起來的。
　　二十五年了，夏天撐一把傘，
　　抗拒紅太陽，冬天擋風雪，
　　我總不能忘恩負義，過河
　　拆橋。老頭兒，這樹
　　太高太大了，你這把年紀
　　也砍不了，我看你又
　　斯斯文文，怎麼幹這門子事？

我會我會，我砍得纔靈快呢，
連根挖掉，連風雨都砍掉，
乾淨俐落，只要再加一百塊，
砍掉的都替你掃地出門，

一絲留戀也不留。只別讓
年輕人來砍，那纔浪費啊！
我在衙門裡管人事的時候
業餘興趣就是砍木頭。
有一天我砍出一根棒子，
年輕的同事們都眼巴巴望著它，
當年我找他們來，不是正要
他們來接它的麼，好像有人
要我去了纔能開花，我受不了
他們那餐館門前排隊的
焦等，趕快揖讓而退，
從此不擔心，好在
木頭疼了也不會哭。

你說連根拔，他們卻說
尋根。想起當年有心
插柳，它沒日沒夜地
伴我挨過了同樣的日子。
如今古銅色的皮膚抱著
鐵石，古拙得真盤古，
與其砍掉它，還不如
砍掉我罷。你底同事們
將來也會像你一樣
去砍樹謀生嗎？

不相干，樹老生蟲，人老無用，
你這樹也早已過了退休的年齡了。

　　可是你不是還有用麼？
　　門神老了還捉鬼哦！
　　海棠自己能開花，因為在
　　海外，綠色的老年永遠不會
　　老，謝謝你，救救老樹！

好罷，明年我再來給你砍，
要是我還能走動。

一九八八年八月八日，大學大熱天于陌地生市、民遁路、棄園。載《聯合報》副刊（一九八八年九月二十二日）；又菲律濱，菲華藝文聯合會主編，「藝文」月刊，三十九期，《聯合日報》（一九八八年九月二十二日……）

山水詩

不是山水，是人物
山是男人
水是女人
沒有人，只是沒有

不見山水，只見詩
見詩即是見山水
有誰不見山水
也不見詩麼

詩人穿了忘足之鞋
衣冠楚楚佩上長劍
打從傘內一出來
就遇見你我，呀
後面還跟著一大隊稻禾
和琳琅滿紙的菜花波浪
還有幾條裊裊上昇的眼鏡蛇
風情地在他筆尖上絲絲跳舞

雖然去年滿地落葉在啜泣

大 峽 谷 的 石 頭 卻 開 花 大 笑
煮 了 雪 ， 來 品 嚐 大 法 師
西 北 風 的 剃 刀 割 死 漆 樹
體 內 暗 藏 著 茁 長 的 年 齡
在 前 見 古 人 後 見 來 者
出 浴 過 的 月 亮 下
共 對 著 一 生 青 綠

一九八八年十二月四日初稿，二〇〇一年三月三十一日夜抄正于美國威斯康辛州陌地生市之棄園，時年八十五。

答李白 — 十四行

你把三千丈長的
一句詩
從盛唐
直摔將過來

我伸手
用兩個指頭一接
把它浸到一缸
茅台裏

於今張開醉眼
且給你
回答三個傻字
知道了

居然發現還欠你半行沒抽出來
就這樣讓它永遠在那裏活著罷

一九八八年十二月二十七日，于達拉斯。載《中國時報》（人間）副刊，一九八九年一月十二日，又選入《湖南文學》一九八九年四月號。

洗 血

「洗啊！洗啊！
　擦啊，擦啊！」
我們再洗，我們再擦，
怎麼洗了一淌又一淌，
擦了一層又一層，
洗擦不乾淨
這片滿地紅。

「洗啊，擦啊！
　洗啊，擦啊！」
主子，你血淋淋的手，
別鞭打我了，
我們再洗，我們再擦，
哎喲！擦出兩個字來了：
「屠夫」！

「快洗啊！快擦啊！
該死的，
還不快洗啊！
還不快擦啊！」

是，是，我們快洗，我們快擦，
只是這兩個大字洗不掉，
只是這一個「罪惡」洗不掉。

主子，你別生氣了，
你看，烏雲滾滾，
你聽，雷聲隆隆，
風暴快來勒！
主子，你別發抖了，
趕快躲到——
地下暗道裡，
去開秘密會議罷！

一九八九年六月十八日，于美國陌地生。載香港《信報》，一九八九年六月二十六日；及台北《中華日報》等，六月二十七日。

「輕詩」三葉題當代中國畫展

─ 為威大Elvehjem美術館

（The Elvehjem Museum of Art）作

紙醉
了，
飲
墨水
乾海。
筆
開車，
橫
行
霸
道。
故宇
宙
威脅
人
生，

因為
解剖
岩
石
和花，
我們
都給
風景
吃了。

一九八九年三月八日。

瓶　花

大家讚美之餘
發生了小小的爭論
她說：「當然是真的
你不見瓶子裡有水！」
他們還不相信
都用手指去輕輕
觸摸那嫩潤的花瓣
似乎一見傾心
只是個開始

一九八九年八月九日。

四川橋牌

他每回都抓的盡是王牌。
不信嗎？從來就壓倒一切。
這並不是說，玩伴全已臣服了，
也不是說，笑裡藏刀
沒有了敵手。
只因為他老是堅持，
像打湖南麻將一樣，
只獨個兒玩。
所以要打什麼就打什麼，
要吃什麼也就吃什麼。
「你怎麼可以不按牌理出牌？」
這就是他自定的規矩。
這一局肯定是吃死了。
正好，死了就完了。

一九八九年八月十二日，于陌地生。

秒

你在一滴水晶裏嚼嚼歷史
把我的命運推得的答的答地循環
一步一趨，一顰一蹙即是回眸
使鴨雛的嫩黃沒入蕩羽的釉綠
一飛就橫渡過一片蘆雪，依然
凝止如洪荒之鬱藍
其長無延，其速無移
當銀燭高燒的一剎那，夜已酥了
她的嫣然一笑
恍然別有會心。即使想追憶，也只
打撈到驚嘆號最末那一點

一九八九年八月二十凌晨于陌地生之棄園（未曾發表）。

讀　書

他躺在床上讀書
從甲骨文直讀到草書
把頭髮越讀越白了
他用手去摸一摸西施的笑
她噗哧一聲發嗔說
你當初為什麼不呢

他臉也紅了
頭髮也黑了
一頁又一頁
有人待在誰的黃金屋裏
只聽見咯咯的笑聲
再翻下去
是一陣哭泣
他趕快把書關了
可是頭髮越白越讀呢

鷺鷥

我瞭望一條一千年長的碧水
一眼就看見你
獨立在密西西比河的岸邊
低頭向水裏看魚
或者是看你自己的影子
忽然噗通一聲
把時空啄了起來
影子和魚都飛走了

回來十天後我想起你
獨立在密西西比河的岸邊
低頭向水裏看魚
或者是看你自己的影子
影子把時空啄了起來
和魚都飛走了
忽然噗通一聲
拖一條一千年長的碧空

八十一年十月二十四日「聯合副刊」

編者按語：「讀書」一詩乃起興於「書中自有顏如玉，書中自有黃金屋」兩句俗諺，（縱按：舊傳係北宋真宗（勸學文）中句，後成俗諺。）但一經詩人點撥，竟得轉化為一片諧趣，一陣調侃，一種深沈的反思，處理手法頗有「後現代」的趣味。

「鷺鷥」則是對當下感覺的捕捉，所呈現的不僅僅是古典詩「詩中有畫」的意象世界，同時詩中的超現實手法，如：……

海峽十四行

當然都是可以載船或翻船的水
不料從這邊或那邊望去
卻總有點兒水土不服

波濤上晚霞拖一條血紅的繩
不知會牽出喜事還是喪事
總比在別人屋簷下還好些罷

這水，有些人是親自渡過的
有些人是父母親渡過的
當然也有些遠祖父母……
這樣就能造成海峽麼

反正水沒記性
魚又不是太史公
然而，回頭就是兩岸
難道該讓人比魚還滑頭嗎

一九九六年五月二十五日《聯合報》

小評：海峽兩岸原是同一民族，只有先來後到之別，本無人種、文化之分。所謂「水土不服」，只是近半世紀的政治所造成。作者引用「水可載舟，亦可覆舟」之意，更益以喜事或喪事之變，來勸喻兩岸之人，用心很深。紅繩原可牽出喜產，但血紅的繩就未必了。這血紅的繩偏是晚霞所牽，意象逼人，匠心獨造，老來得詩而有句如此，可佩也。篇末以水與魚來與人比，指出人而忘本，將不如魚，又闖出一境。唯「滑頭」一句，稍顯俚俗，或可易之。

此詩風格清俊，深入淺出，饒有知性，可以上追馮至、卞之琳、辛笛。所謂十四行，全無押韻，句法也不齊，甚至段式都呈「倒意大利體」，前六後八，另成一格（余光中）。

新和舊

現代新詩人往往有從古人名詩逐句引出新詩者；我今所用，乃是自己的舊作。固然無名，但不知前人是否試過。我自己則早已變成古人，過時了吧！

當風

絕艷孤芳豈不該
當風離聚費心裁
徬徨直突餘溫在
檢點新衣舊意來
論史難平悲憤氣
刪詩頻起莫名哀
平生箇事湘累約
慎對傾危惜墮灰

一九八四年十一月

電視和報上如是我聞

以前總說得天花亂墜，信誓旦旦
如今情勢已變得分合糊塗

需要另外一批人來抬轎
戲台上角色換來換去或從來不換
大小魔術師仍在逢迎意思和沒意思
好心人上街唱歌，或者靜坐去了
死生無命，富貴不在天，可是
高爾夫不釣魚，還能對那邊「路人皆
知」的來訪者用手用腳說不嗎

一九九七年六月于陌地生市

紅會

—為第五屆97北京國際紅樓夢研討會作

這樣就會紅樓夢了
她用力打開一瓶脂抄本茅台

青娥青衫都面紅耳赤起來
為了誰做了什麼發癡

一九九七年七月三日于威斯康州陌地生市

夏天裏的春天二首 —— 《浣溪沙》：四月驚人雪壓庭。小城風激動心玲。久看寒樹意垂青。天醉無言星月墮，夜窮多蘊幕簾沉。擁衾吟畔自娉婷。（一九九七年四月十二日于威斯康辛州陌地生市之棄園）

夜

風沒來

它伸伸柔腰，卻

睡著了

在葉子鬱悶底下

透不過氣來

給露珠黏住

就回到泥土裏去了

靜默

失色于

墨綠

一九九七年六月十九日夜之一

巨 大

我兩臂緊抱住它
它在我手臂之外
透露
一滃鬱消息
展自己
暗地
的
回憶

一九九七年六月十九日夜之二。載《創世紀詩雜誌》季刊（The Epoch Poetry Quarterly），112 期（台北，1997 年 10 月）

新加坡風雨

突然一陣驃悍
盪來如水的清涼。
海天傾瀉了麼？
但決不是外來者。
這風雨從心底出生，
卻也不限于華人之心。
在雞鳴不已的晦明間，
它驅散溽署，
讓風雅作頌，讓巫的
神女行雲行雨，令詩更風騷。
可是小青蛙依然在池塘跳躍，
鳥園獸團和聖淘沙的
蝴蝶園更龍飛鳳舞，
虎虎大風隨新年而起。
而胡姬花和九重葛
開得越明眸皓齒，
扇形芭蕉不扇卻搖風，
當然雨樹是更雨了。
南洋的鳥獸草木和新華文學
都齊聲歡呼：

我們全是「新加坡風雨」的兒女

戊寅孟春于美國加州旅次。華府號第二期（一九九八年六月）新加坡作家協會編。

西　風

一為廣東梅州林風眠李金髮百年冥誕紀念會作

西風捎來微雨，於是

　飄零的棄婦也回歸了

豈有文章驚食客呢

還從水彩覓春城之古墓

　祝福！祝福！度過荒年

就為了這幅詩畫而雕塑

二千年六月九日夜深，于美國威斯康辛州陌地生市之棄園。（未正式發表過）

沒 有

月亮又來了

卻不見山影

因為沒有人的號角

二千年十月二十一日夜，于美國威斯康辛州陌地生市，時年八十四。

一　聲

撕開一朵雲
剁碎滿地落葉的歎聲
我家的細草長得高且模糊了
忽然，忽然間
失去了什麼總想不起來
舞廳裏裙帶翩翩
揚起隔世的煙塵
清晨有風來訪
説是那人又去了

二千年十月二十四日夜深。

問　訊

本來不想打電話給你
無奈那邊的風很緊
恍惚有隻沒舵的帆船
是漂流向海外呢
還是回家？
遠古以前沒找到他
明天也仍然不見
也許候鳥的彩羽全已濕透了
哦，你說，以後再說罷！

二千年十月二十五日半夜

風　色

天上的烏雲越來越濃了
那首詩還不能出版
得看風色怎樣

二千年十月二十五日半夜後。羅悄（青哲）主編《端午詩專號》（台北國立師範大學中國語言文化中心，民國 89 年，2000 年 11 月初版），頁 6-7。

哭溫健騮

多年前有一天，鍾玲對我說：溫健騮想來陌地生市威斯康辛大學跟我唸書。我當時心情十分陰鬱，答曰：要他不來。後來聽說他去世了，今晚想起，不覺黯然！

你的詩魂像兩頁蝶翅
一開一合，展現五彩繽紛後
隨著秋風而凋落
唉！真是時代錯誤 anachronism

二〇〇三年六月二十四夜，于美國威州陌市之棄園。時年八十七。

附（一） 天書

王潤華

—— 贈周縱策教授

從落葉中醒來
冰雪已哭成灰燼
三個黑影
依靠著廟簷下的香爐
等待從木炭中尋找我的骨頭

而我，卻
躲藏在傾塌的神殿
用刀和血，磨滅額上最骯髒的字
偶然間，發現
三十六人的姓名
印在天書的扉頁
「請你用響箭
將我滿口的火焰，射過水滸
刺穿山寨黑暗的寂靜吧！」

「除了我的外號，多次
伸手入火盆內，也摸不到一粒火種
一根草，一個饅頭

一滴酒，一種女人的要求……」

因此
或風或雨，或雷或電
踏著荒年的瘟疫
讀著樹上緊急的榜文
我走向冰雪封閉的門
飢渴地問
　　「此間去梁山還有多少路？
　　　　　　這條是不是最近的路？」

附註：

林沖踏著那瑞雪，迎著北風，飛也似奔到草場門口，開了鎖，入內看時只得叫苦。原來，這場大雪，救了林沖的性命：那兩間草廳已被雪壓倒了。林沖尋思：「怎麼好？」放下花鎗、葫蘆在雪裡，恐怕火盆內有火炭延燒起來，搬開破壁子，探半身入去摸時，火盆內火種都被雪水浸滅了。林沖把手牀上摸時，只拽得一條絮被。林沖鑽將出來，見天色黑了，尋思：「又沒有把火處，怎生安排？」想起離了這半里路上有個古廟可以安身，「我且去那裏宿一夜，等到天明，卻作理會。」

…只聽得外面必必剝剝地爆響，林沖跳起身來，就壁縫裏看時，只見草料場裏火起，刮刮雜雜的燒着。當時林沖便拿了花鎗，卻待開門來救火，只聽得外面有人說將話來，三個人在廟簷下立着看火。數內一個道：「這條計好麼？」一個道：「端的虧管營、差撥兩位用心！回到京師，稟過太尉，都保你二位做大官…又聽得一個道：「便逃得性命時，燒了大草料場，也得個死罪！」一個道：「再看一看，拾得他一兩塊骨頭回京，府裏見太尉和衙內時，也道我們也能幹事。」

把富安，陸謙頭都割下來，把尖刀插了，將三個人頭髮結做一處，提入廟裏來，都擺在山神面前供桌上，提了鎗，便出廟門投東去。走不到三五里，早見近村人家都拿了水桶、鉤子來救火。林沖道：「你們快去救應，我去報官了來！」提着鎗只顧走。

（上引「水滸傳」第十回）

附（二） 李元洛

〈歌唱不老的青春－旅美詩人周策縱作品欣賞〉

有一位鶴髮童心的人，他雖然飽經悠悠歲月的風霜卻仍然有一腔年輕的熱血，有一位中國文學根基深厚而又沐浴歐風美雨的學者，他雖然對中國文化典籍如數家珍卻又有強烈的開放心態與現代意識，有一位新詩舊體二者兼擅的詩人，他的舊體詩詞雖然十分當行出色，但卻更其鍾愛新詩。── 這位一身而三任焉的健者，就是旅美著名學者、老詩人周策縱先生。

「惟楚有材，於斯爲盛」。他鄉的才俊也許會因此而忿忿不平，覺得它未免有些「排它性」，而作爲楚人的我，總不禁常常爲這一地靈人傑的聯語而豪氣橫生。周策縱，就是盛於斯的楚地的俊彥。他 1916 年生於湖南祁陽，年輕時即開始詩歌創作與學術研究，在報刊上發表作品和文章，1955 年獲美國密西根大學博士學位，1963 年在美國威斯康辛大學創辦東亞語言文學系並兼系主任，現爲該大學東亞語言文學系及歷史系教授，是蜚聲海內外的詩人、古典文學專家和歷史學家。他多藝多才，才氣象噴泉一樣成輻射狀噴發，成爲使許多學人讚嘆的盛景奇觀。他攻歷史，如台灣古蒙仁在《從威斯康辛來的周策縱先生》一文所說：「在學術界，周先生的另一註冊商標，便是《五四運動史》。這本書脫胎自他密西根大學的博士論文，以後經過多次修改，1960 年定稿出版後，備受學界推崇，如今已是中國近代思想史上的經典之作了。任何討論五四或學生運動的文章，非提到它不可。」（見《中國時報》1985 年 4 月 8 日）。他攻中國文學研究與批評，在大學開設「中國文學批評史」、「研究方法與資料」、「古典文學選讀」等課程，是海外中國文學史家與紅學家中的重鎮。同時，他又以深厚的文字學根柢和西方文學理論修養，給予中國古代經典以新的詮釋，人稱他是「極少數能兼辭章、義理、考證三者之長的學者」。他攻藝術，自稱「藝囚」，除古物的收藏與品鑑之外，還在東亞系的大學部開設書法課，在橫行的英文世界裡讓直行的中文吐氣揚眉。他課餘又兼治印，其技藝自然是精誠所至而金石爲開了。在如此多角戀愛的同時，他又對詩一往情深，創、譯兼顧，除了翻譯泰戈爾、葉慈等詩家的作品，他是新詩與舊體詩詞雙管齊下，旁人以爲這真可謂雙峰並峙，二水分流，但他自己尤其愛新詩這一峰一水，他「確認自己的新詩較有意義」，可見這位老先生的思想相當新潮，不象某些舊體詩詞作者患了「時間差」的毛病，對新詩盲目排斥甚至奢想取而代之。從以上簡略的介紹中可以看到，周策縱是名副其實的學者而兼詩人，或曰詩人而兼學者。1988 年我有幸在新加坡華文文學國際研討會上和他相識，更親炙了這位前輩不浪漫的治學精神和浪漫的詩人氣質。

周策縱從事新詩創作已有五十年，是對新詩發展作過有益貢獻的前輩詩人之一，但因爲種種原因，對他的勞績與成績過去卻介紹不夠。台灣詩人、詩論家、編輯家瘂弦 1980 年以「新詩運動一甲子」爲題，爲《當代中國新文學大系・詩》卷撰寫序言，他說：「我們也選錄三、四十年來散居英美（特別是美國）老一輩詩人們的作品。這些詩人，大都於抗戰前後赴往美國，他們的創作基本上承襲並延續了 1949 年以前新詩的詩風。他們仍然依循新文學運動發展出來的軌跡前行。他們獨塑的風格與舍我其誰的豪邁氣質，很明顯的造就了 1950 年以來中國文學的『第四個文壇』（另外三個指大陸、台灣、東南亞華文文壇 — 引者注），此中詩人以周策縱為首。」僅僅從我所選賞的幾首作品，也可以看到這位詩人的氣質和他的詩作之風貌。

從事詩歌創作的人有種種狀況：有人用筆寫詩，有人用心寫詩，有人用血寫詩。用筆寫詩，其作品大抵真情不足而匠氣有餘；用心寫詩，其作品往往是生命的歌唱，象春花隨季節而開那麼自然，象江河隨河床奔流那麼酣暢；用血寫詩，其作品往往是最高與最後的完成，如文天祥之《正氣歌》，如拜倫的《今年我度過了三十六歲》等等，這是可遇而不可求的，或者說可求而不必遇。周策縱，是以心寫詩的詩人，是以生命歌唱的詩人，他的作品，從早期到晚期，沛然於其中的，是一以貫之的真純熱烈的詩情，和絕不老化與僵化的清新超拔的詩想。真摯純粹而熱烈的詩情，這是真正的詩人必具的素質和條件，也永遠是詩之所以為詩的標誌，沒有這種詩情，任何現代的人工呼吸都不能起死回生。詩情是內在的生命，但它並不就等於詩，詩，必須以清新超拔的「詩想」為它定形，作它的外化的形態。沒有擺脫了匠氣與俗氣的新鮮巧妙的想像，詩的寧馨兒仍然不能成胎,自然也更不能臨盆誕生。以屈原為代表的楚文學，本以熱烈浪漫的情感與奇詭瑰麗的想像為其特色，楚人周策縱不僅胸中激盪著從不枯竭的詩情，而且他的心中總是飛馳著奇瑰的想像，年輕時固然如此，即使是白髮盈巔，也年既老而不衰。《紅豆》，是他年方二十二歲時的作品，發表在 1985 年 10 月出版的台灣《聯合文學》的「愛情文學專號」之上。詩人少年時在長沙讀書，有人贈他一顆「紅豆」，這一閃耀古典色彩的蘊含中國文化情結的紅豆，使他憶起童年的一段混沌未開的朦朧戀情。如果說，李白的《長干行》寫了「妾髮初覆額，折花門前劇。郎騎竹馬來，繞牀弄青梅」，使後世的許多讀者觸發有關童年的美麗想像，那麼，周策縱的《紅豆》寫的也是青梅竹馬之情。「小窗前，我說了一句傻話她笑過/藕色裙擺蕩過我風露的一夜」，寫弱冠之年對童年戀情的追懷，令天下有情人都悠然回首。「話卻比長江還長/秘密比中國史還久/只因我們初遇/是在荳蔻之梢」從幽美深永而頗具古典風情的想像裡，讀者可以看到周策縱多情善感的詩心，也可以激發自己對生命中美好事物的回憶與珍惜。時過三十年後，詩人早已人過中年，但他又寫出了《你說》這樣一首意興蔥茏的愛情詩。《紅豆》偏於寫實，《你說》卻偏於想像，全詩以第一人稱與第二人稱交叉的手法結撰成章，「你說我們的路不相同」，「你說你是你我是我」，「你說你說的決不是謊」，在如此疊用「決絕語」之後，全詩卻出人以外地以「突轉」收束：「可是你把我望了又望/你的眼睛更不會說謊。」可謂花明柳暗，新境別開。人到中年，已經飽經憂患，詩思也常常難以奮飛，如同宋代詩人黃庭堅的詩所說：「花氣薰人欲破禪，心情其實已中年。春來詩思何所似？八節灘頭上水船。」但是，周策縱的優美的愛情詩，證明他詩興未衰，春心未老，他的詩思不是在重重的淺水灘中乘小船逆水上行，而頗有高掛雲帆順江而下的風流瀟灑。

如果說愛情詩的寫作可以測試詩情與才情，那麼，年華老去之後是繼續得到謬斯的青睞，還是遭到她的白眼，更是詩人的才情的試金石。周策縱的年事高到海內外學人尊稱「周公」之後，他仍然保有年少周郎的詩情與詩想。不信？有《狂草》與《答李白》爲證。《狂草》寫於 1985 年，詠張旭的「古詩四帖」。蘇州人張旭，是唐代也是中國歷史上最著名的草書家，人尊爲「草聖」，其草書如龍蛇飛舞，如雲煙滿紙，故被稱爲「狂草」。前人論唐代書法，對歐陽詢、虞世南、諸遂良這些大師級的人物，都可以不無微詞，但對張旭卻不敢有所異議。以草書中的「狂草」作爲詩的審美對象，本來就難以下筆了，何況關於張旭及其草書，李欣的《贈張旭》、李白的《猛虎行》、高適的《贈張九旭》都曾寫到過，特別是杜甫，除了在《觀公孫大娘弟子舞劍器行》的「序言」中談到過張旭外，先是在《飲中八仙歌》中說「張旭三杯草聖傳，脫帽露頂王公前，揮毫落紙如雲煙」，後又在《殿中楊監見示張旭草書圖》中作了具體充分的描寫：「悲風生微綃，萬里起古色。鏘鏘鳴玉動，落落群松直。連山蟠其間，溟漲與筆力。」至於長沙和尙懷素的草書，更可謂「前人之述備矣」，僅在唐代就有不少詩人寫詩讚美過。但是周策縱的《狂草》一詩卻在所有前人的歌唱之外，突發新聲與異聲。說它是「新異」之聲，一是因爲周策縱是以新詩這一體式來處理這一題材，既有別於古典詩歌，在新詩創作中也得未曾有，至少是沒有他寫得如此成功，二是從審美感受與審美表現的角度來看，《狂草》也顯示了這位年已七十的老詩人的詩情與詩想，仍然青春年少並富於現代意識和現代感覺。草書具飛動之美，周策縱的詩也純然出之以化美爲媚的動態描繪，以及變怪百出的比喻，開篇即腕挾雷霆而風雨驟至：

千里萬里千年萬年千馬萬馬
千絲萬絲千點萬點……
好一生的鬱憤衝破了
巴斯底
日出月落，天門一開便是酒的天下，
五指驚蛇入草，呼嘯起
風雨，一陣呼嘯又一陣呼嘯
一聲雷破又一剎電閃

周策縱有一首《論書絕句》說：「草境如天自在寬，疏星皓月墨雲寒。右軍未醉懷素醉，忘我忘人雪夜看。」沒有一腔熱血豪情，沒有活躍飛動的審美聯想，絕不可能狂草出這樣的《狂草》之詩。《答李白》不也是如此？「你把三千丈長的/一句詩/從盛唐/直摔將過來」，七十二歲的老詩人寫許多人寫過的李白，一開始就是如此獨出胸臆，豪情與奇想兼而有之，而「我伸手/用兩個指頭一接/把它浸到一缸/茅台裡」，更是匪夷所思，頗有武林高手之概。未經李白同意，周策縱將古代李白詩與當今茅台酒融合在一起，我們這位老詩人真可謂「老夫聊發少年狂」了。

在前引古蒙仁的文章中，作者還說：「他的現代感絕不亞於時下的青年詩人，羅智成（原籍湖南安鄉的台灣青年詩人 — 引者注）常對我說，周先生是最新潮的老詩人，其新潮、前衛處，連他都自嘆不如。」周策縱詩觀和詩法的現代感，由此可見。在中國新詩的創作中，如何處理好傳統與現代的關係，十分重要。

僵化保守者盲目「排外」，拒絕觀念和藝術的更新，他們只知死守傳統而不思革新和創造，極端西化者盲目「拒內」，拋棄自己賴以生存的母土，徹底反傳統而一心去西方的禮拜堂受洗，他們同樣偏離創造的正途。沒有傳統的現代，是漂泊無根者的現代，沒有現代光照的傳統，是古物陳列室的傳統。傳統因現代而獲得新發的生機與蓬勃的生命，現代因傳統而具有深層的文化積澱與民族審美心理的淵源，只有在現代觀念的光照下去繼承傳統的精華，在吸收優秀傳統的基礎上去追求和擁抱現代，才可能寫出當代中國的出色的新詩。周策縱的中國文學根柢當然不是一般青年詩人可望其項背，同時，他又是精通外文的生活於海外的中國詩人，尤其是他的詩心沒有與時俱老，他對於新的觀念和新的詩法十分敏感，所以他在自己的優秀詩作中既表現了東西方文化特別是東西方詩學的撞擊，又自覺地調適了傳統與現代的美學關係。《答李白》是當代詩人和古代詩人靈魂的交流與對話，審美對象是古典的，詩觀與詩法是現代的，就連詩人所採用的十四行詩的形式，也是西方的最初興起於義大利文藝復興時期的一種詩體。與十四行詩這種西方傳統的格律詩相反，《狂草》所運用的是典型的西方的自由詩體，全詩頗有美國自由詩大家惠特曼那種豪放磅礴之氣。詩人抒寫的雖是古典的題材，卻充分表現了現代人對自我主體意識的認同和發揚，對內心自由和個性發展的渴望，那長短參差特別是跨行待續的句法，也頗有強烈的現代意味，「錦瑟無端逗出了樓頭春雨」、「暴雨落得花鈿委地乃玉碎」，在古典的詠嘆中，轟然鳴奏的是「巴斯底」、「黑白擁舞著星空大戰的電鞭」、「一支火箭寫透一幅朵雲天」的現代音響，它們不是各不相干生拉活扯的「拉郎配」，而是兩廂情願的傳統與現代結成的「美姻緣」。《灕江》與《西湖》這兩首詩不也是如此？詩人寫的是古老而年輕的灕江，諸如「湘妃」、「鳳凰」、「瑤殿」、「嫦娥」這些古典的詞藻和意象，固然有些古色古香，但它們在詩中都被賦予了現代的感覺，而象下述的開篇與收束：

> 碧玉的水裏寫了幾筆山
> 一篙掀起冷翠的牧歌。
> ……
> 這一泓永恆的自沉
> 向瀟湘，向汨羅，向洞庭。

如此寫桂林山水與楚地傳說，不論是詩想、詩法或是詩句，既洋溢古典的芬芳，又煥發著現代的光彩，不是陳年的舊調，而是當世的新歌。《西湖》何嘗不也是這樣？「這一葉水/是天在地上打了一記印」，這現代詩句即從「春水碧如天」的古典脫胎而來，而「荷花笑作東風/開了一船的女孩」，則既有李後主「林花謝了春紅」的句韻，也有王昌齡「荷葉羅裙一色裁，芙蓉向臉兩邊開」的神味，而荷花之「笑」，與「笑作東風」，與「開了一船的女孩」，其間的自由聯想和語法切斷，顯示的更是現代詩的本色，至於「晚霞撒一網紅塵/勾引昨夜的斷橋夢」，傳統與現代的交融，更可以說珠聯而璧合了。

多樣化或稱多元化，是當代詩歌發展的趨勢，也是一個成熟而豐富的詩人的重要標誌。周策縱在《新詩的多元一元論》（台灣《文星》月刊 106 期，1987 年 4 月）一文中，既強調詩的多元——「多元的詩義、詩潮與詩風」，也主張追求詩的一元——「一種最詩的詩，一種最理想的詩」。確實，定於一尊，以此爲準而排斥其他，這種大一統的思想是落後與封閉的產物；單調貧乏，自我重複而沒有創意，這也是缺乏藝術上最可貴的自變性的表現。周策縱是開放而通達的，他在給我的信中曾經說過：「我素來主張詩應該向多方面發展，自由、格律、朦朧、清深、重拙等，都可以寫出好詩來，過去五十年來我試寫過，也翻譯過各種題材和風格的作品，不能算都成功，只能說是在不斷地嘗試。」我所選賞的周策縱的作品，無論從內涵、形式、風格、詩法及語言等方面，都表現了詩人對「詩」的追求，雖然只有六首，分而觀之，它們各具風姿，合而聽之，它們不是有如眾音和鳴的六重奏嗎？

楚地的山靈水神，不知哺育了多少詩人文士，周策縱先生就是其中的一位。「楚雨湘雲入夢來」，他人雖在異地殊方，但對他的家鄉與故國卻何日忘之；「白髮紅顏書百丈」，他雖然已經年過古稀，但卻滿頭霜雪傲對時間的西風；他雖然開明爽朗，卻有典型的湖南人的倔強：「詩箋隨菊伴秋來，籬外籬東一例開」，他遲遲不肯交還年少時即一管在握的彩筆，在耄耋之年仍興高彩烈地歌唱不老的青春！

李元洛《寫給繆斯的情書——台港與海外新詩欣賞》（山西太原：北岳文藝出版社，1992 年 8 月）。原文載《湖南文學》，1989 年第 4 期（1989 年 4 月 5 日長沙出版）。

第二集
《詩胡說續集》

補釘行

要修行，就修行
何必在骷髏頂上
打補釘，一輩子
也許你姓兩個姓
可是一生裏只有
一條命。凡是
智識買得來的
二手安全感
所能給你的只是
靈魂上的偷懶。

上班下班
上班下班
長短針指揮著
這般的奴隸
何止萬千。
一杯雞尾酒
或是一杯威士忌
準給你半小時
的癱瘓來抵消

八小時疲倦。

四十小時的工作
你換來兩天——
——週末的安閒。
你忙著修整門面
草地要剪得光鮮
太陽一多，蒲公英
滿地裏笑開了花；
雨水一多，密密層層
的草剪得你兩手發麻。

好容易捱到了
每年應得的假期
從去年就全家大小
開了多少次會議
今年的目的地——
——打開地圖來找
近說著也有一千哩地。

人駕駛著機器
機器卻施展着
牠的魔力，人人

都像著了迷，
笑嘻嘻地
縮短著生死的距離。

星際旅行
已不出奇
出奇的是你。
前既不見古人
後仍不見來者
好像這個世紀
特別感覺孤寂。

因此，你要休息
你可以到這兒來。
所有希臘的神話
都給你說個明白；
羅馬的光榮
都給你看個痛快。
然後你知道
聖彼得堂一楹一柱
都安息著一個
愉快的靈魂；
東方國度
多少聖哲

也都有他們
藏修的精舍。

人雙手造出了文明
人雙手決定着善惡
人成全一個不完全的自己
人損傷一個自由的真我。

要修行，就修行
別在骷髏頂上
打補釘。

一九六一年四月十六晚

「不」詩

佛頭著糞古不少，
惡詩序書今不稀。
如今又多一個「不」，
「鉢」印還變一「鉢」泥。
對君不敢說「不」字，
沿門托「鉢」乞正之。

一九八四年九月二十六日。

（其實「鉢」字還是不从「木」。）

註：「大書坊序詩校正」

誤正

第三行　要我不相信她→要我相信她

第八行　琬琰底小「鉢」→琬琰底小鉢

聯經出版公司已印了這張更正的小紙條，但先寄出的書，不知是否已夾進去。不論如何，我不該用3個偏僻字。特附打油詩一首于後，以誌吾過。

風詩五首

數年來黃伯飛兄不斷寄示詩集一大本一大本，可以危書架，垮汽車，有些使人讀了頭大，偶然又令人解頤發笑，何黃子之不憚煩也！試仿其體，非欲長其志氣，特欲以劣詩自諷，並諷其勒馬回韁，多寫新詩耳。一九八八年十二月九日于美國威斯康辛陌地生

檢閱存書

此書久存竟未讀，圈點評語卻很多，細看圈評都識我，才知自己早讀過！

解痴（癡）

知了知了豈真知，知了還疑算半癡；若說一切全知了，那才真病是全痴。

訓党（黨）

我本來不反對党，只反党內只大兄（Big Brother），更反一黨全尚黑，百姓鼓裡都瞎聾。

學　問

學問是什麼？學著去發問。學而不知問，不免有點笨；問得太多了，更會叫人悶。這是為什麼？學問無窮盡。學只增知識，道德不相混，智慧和美感，還需悟與潤。然要德性尊，仍須本學問，愚德雖不惡，希聖卻無分，學問求至富，至善庶可近。

搞稿歌

正搞舊稿搞不了，又被人催搞新稿，眼高手低搞不好，搞來搞去不好搞。

舊稿新投（給「傳記文學」）

——抗戰時，老舍曾作有答催稿打油詩，茲倣其體。

元帥下了戒嚴令：「論壇」只准「海外」行。推老胡，小將提槍纔上陣，寶島無緣走一程。一心只想把「抗議」來補充「容忍」，轉眼就耽擱了二八春。如今白髮滿雙鬢，拐個灣兒，繞到「傳記文」。試看天安門事件能作證，世間多少事不平！歹！馬來！

參見軍師。帶來多少人馬？一萬二千個小字！可都是老弱殘兵！後帳休息！得令！

正是：少逢尊老老尊少，李廣馮唐不合時！

一九八九年八月三日，于美國陌地生棄園

「風箏」的感想

—— 次女琴霓見到我的詩後，寄來她寫的英文詩 Thoughts of the "Kite"。我試爲她譯成中文。

「風箏」的感想
航過艙口。
記憶的激情緊緊抓住
風箏的尾巴，當它
升到天空，
發現不熟識的西方
區域，落在地上，
張開新的眼睛看新的存在，
盯住一件美術品，
那件許久以前
有位聖人在上面銘刻了
一個變幻的遠見：
老朋友，老鄰居，
就是隔壁的人們，我們必須
努力去發現再發現。

一九八九年九月二十一日寫，九月二十七日譯

杜甫的秋天

並不是楓樹喝醉了自己
是我羞它
沒有扶蘇這一時代的憂患
所以山河花草都哭出血來了
長安街後面又一次奪權和護權
準是下了一盤必輸的棋
我曾經出入於名公冠冕之間
所以同事們舊雨都來
當我乞食京華時，當然今雨不來
朔漠的烽火已烤焦了石鯨的鱗甲
五更鼓角和江上漁歌
從巫山頂巔搖落了冷月
雖然四海八荒還喧鬧一片雲彩
昆明池卻早已長滿了蓬蒿
雖然我的殘年早已過了落花時節
耳朵只能想像到四鄰的幽咽
眼睛已看不清傾斜的北斗
我偏枯的手卻早已變成巨筆
我還用我蕭森的咳嗽
把淒風苦雨吹到

白帝城的廢殿，吹上
三峽的樓臺，像吹倒
我浣花溪畔的茅屋
我從干戈和涕淚裡去尋找妻子弟妹
懷念世人都說可殺的朋友
而我的詩書總研究不成劉向
我的夔門和長江已給虞信晃得顫巍巍的了
還有我船邊的湘水，一滴一滴
每一滴都擰出屈原來
望帝化成杜鵑來啼喚我
哀艷的湘靈灑淚來勸我
我啊，我決不能留，我不能不北望長安
那是我的少年和夢想
我的夜，我的墳，我的魂
長安是我的秋天
秋天就是我
我加秋天等於一，等於秋天
等於九十，等於長安
我的赤心就是紅葉
秋天把我燒了
於是我活了這一瞬
我成為上古，成為未來
落葉灑在夕陽上
一點怨聲也沒有

一九九〇年十一月十四日清晨枕上，于美國威斯康辛陌地生之棄園。載《聯合報》（聯合副刊），民國八十年五月二十二日

子夜歌

一串明珠孤懸在
我們的時代裡
每一隻字都照暗了月亮
所以先前一片漆黑，後來
也無人懂得
遠遠的，曠野傳來
一絲淒冷的呼聲，正是
你最末的一行
然而變成夜的
是它，還是
因為那單身少女
吟了它呢

一九九一年十二月十四日，于芝加哥至屋崙飛機上

未濟

忳鬱邑余侘傺兮
　　　　吾獨窮困乎此時也
寧溘死而流亡兮
　　　　余不忍為此態也
　　　　　一屈原〈離騷〉

把「公毋渡河！」拋在背後
因為我不可回去
不可把頭讓給
過了河就拆橋的故人
去割下來領獎
我不是霸王
我是卒子

好兇惡的風浪
我向它挑戰，以生命之焦點
雖然天空灑下了黑網
大河茫茫，卻浮蕩著
浪漫的自由一浪花的你
我坦然掏出肝膽
追向你，向你的期望

水深船漏，也不見魚龍
暗礁齧齒獰笑
不知埋有多少陣勢
然而我只能
無視後面的招安
五千年自尊的歷史
都寫在我的白髮裡

前面出現樹影了
岸上鑼鼓喧天，髣髴有人群
舞著大旗在三呼，是你
也在裡面嗎？你本來拍岸如雪
我嗒然丟掉雙槳
抱船沉浸到沙底
聽碧波永遠在兩岸之間流浪

一九九一年十一月二十九日，感恩節後一日，
雨雪雷電之夜，于陌地生民遁路之棄園。

工　具

對著你的慾望
我笑了一笑
不僅僅是歲月
也為了創新
或是詭計
磨啊，磨啊
腰肢瘦損了多少
該用那一年的
模型來
估價罷

舊了，老了，真不好了
本來是新的
就不該是老的嗎
中秋的月亮是老的
還是新的呢
難免都照到
溝渠裡
儼然琢玉雕龍
坐上太師椅

於今你好神氣啊

有一天，你也成了
別人的我，我
到垃圾堆裡
去和你的慾望
一同仰望
別人的慾望
於是我又笑了

一九九一年十二月十四日，于陌地生至芝加哥飛機上

自君之出矣四首

自君之出矣，日月去遲遲，
　　思君如電腦，輸入舊時姿。
自君之出矣，白日成黑夜，
　　思君如彩鳳，麗色空假借。
自君之出矣，秋風結成冰，
　　思君如魏晉，美言懸古藤。
自君之出矣，久夢當遠信，
　　思君如飄風，窸窣亦蹂躪。

予少時曾用此體作數首，稿皆遺失。辛未春日，偶以古今爲此者課諸生，陳穎女弟且擬爲文論之。因更戲作四章，予亦重爲馮婦矣。

一九九一年四月一日于陌地生棄園。

感　逝

月明故國八千里
草綠天涯二十年
逝者如斯來可想
生雖足悔醉猶妍
嬌兒漸長倚閭久
知己流亡舊約懸
待盡晚來風更急
遙天無語似從前

一九九一年四月載於明报月刊四月四日（總 40 期）

大道之行也

—— 為杜甫白冤

黃四娘家的花好不好
齊梁以來的詩風怎麼樣
可以爭論一千多年
要是人人有白乾喝，有牛肉吃
所以大道之行也，天下為私
這與我有干係也無不可

一九九一年十二月十五日，于屋崙華埠餐廳。
載《聯合報》（聯合副刊）一九九二年一月四日

微雨十四行

— 為新加坡「人與自然－環境文學」國際研討會作

濛濛的霧雨
悄悄地來了，
一歲半的小孫女
伸出雙手去盛它。
貓緊倚著玻璃窗，
時間動不了它，
一絲一毫。
蔥翠和水綠
依然是漢唐的草色，
卻生長于海外。

坐在岸邊的
白髮潤溼了的陶潛
背靠著春天，
眼睛和雲一道流去了。

一九九八年十二月二十三日清晨，于美國加州阿巴尼市。新加坡作家協會編印《新華文學》，五卷二十一期（一九九九年三月），底封面。

Drizzle

A misty foggy rain
Stealthily arrives.
My one-year old granddaughter
Stretches out her hands to catch it.

A cat leaning against the glass window,
Time will not move it,
Not even a bit.

Onion green and water blue
Still is the color of the grass of the Han and Tang dynasties,
But the grass grows abroad.

Sitting by the shore
Is the poet Tao Chien, anointed by his white hair.
His back against the spring season,
Eyes and the clouds float away together.

Translated by Genie Chow
And Tse-tsung Chow
February 7, 2001

From Singapore Chinese Literature, a journal in Chinese edited and published by Singapore Association of Writers, No.49, a special issue on "Man and Nature: Literature on the Environment" (March 1999)

賀司馬璐戈揚新婚

你們已相識了七十年，
只忘記了說個「愛」字。
跌倒了又爬起，跌倒了又爬起。
一個在北京重新觀察，一個在香港不斷展望。

雖然改變了姓名，
只改不了愛自由民主的心。
我找遍古今中外，也找不到你們的樣。
且讓我來恭賀這一對「最年輕」的老夫妻。

二千〇二年九月二十日，于威斯康辛州陌地生市

第三集
《海　燕》

殷紅的悲歡（序詩）

墨海的波濤，胸膛起伏
雷雨射穿了時代的洪流
我用大紅的楷字精雕血淋淋的生命
未來人類的兒女啊，請你開門

荒闊的沙漠裏一片水草像詩魂
狼犬啣著思想的殘骸在陰雲下逃遁
寧誓棄遠古的幽情而去永不回頭
讓煙水悠悠拖一絲戀愁

登大墳眺望落日呀血紅
狂風吹跌了我每一隻夢
巍峨的殿堂裏神龕有瓔珞低垂
看啊，滿爐的死灰埋葬了權威

御窯鏤花的瓷瓶已經打爛
碎片盡拋散在水謐的沙灘
這歌聲將喚起不可想像的魚龍光怪
從海底珠巖建造起壯麗的樓台

情調雖虹霓的彩滴不夠渲染

願天邊總有白雲長變

生命的故事永遠也說不完

未完處遙示著更殷紅的悲歡

一九四九年一月十日於密西根。

昨　夜

只有窗前的花影
只有枝頭的風
只有星和海
海和朦朧
夜鶯一聲
劃破了碧藍的天空
我展一展翅
飛過了那個山頭
又一個山頭
無數的山頭……
飛過了萬頃波濤
飛過了人類的歷史
飛過了宇宙的盡處
和她站在一切頂點的尖端
痛飲酒和淚
痛飲愛和詩歌
我醉了
便向下降落
降落，降落……
無底地，無盡地降落……

一九五一年八月四日夜四時於密西根安娜堡

我讀過了她的酒渦

我讀過了她的酒渦，
那兒寫著：
　　天真，
　　笑，
　　和無心的錯。
只不懂
那最後的兩行，
牠像是皺紋，
又像春水的微波。
我把牠一字一字地唸過：
　　美，不能留：
　　愛，不可說。

一九五一年八月四日夜深於密西根

流　水

流水拼命忘記過去，
但大海在等著牠
做牠不能忘的未來的過去；
於是牠在亂石堆裏絕望地痛哭。

鷺鷥把影子照在水裏，
水流走了，鷺鷥也飛去了。
流水啊，你心裏終不留著這影子麼？
“我心裏只留著你這個問題。”

流水説：“你把一生都照在我心裏”
你的影子太重了，
我負擔牠不動了！
牠説著就匆匆往下逃跑。

“無主的渡船啊，你為什麼老跟住我？
　你載過愛人們的夢，
　也載過別人的希望；
　你千萬別把這夢和希望壓在我身上。”

"釣絲牽不住我的雄心，
我也不留戀芙蓉的花影；
把生命交給永恆的勞動，
工資是浣紗女的笑容。"

我孩子時候在這兒洗過澡，
恍惚遺失了一盒珠寶？
流水說："小朋友，讓我來尋！"
別再叫我小朋友，我失去的正是童心。

一九五二年三月十一日。

月　戀

今早我在雲端遇到你，
你就匆匆躲到了西方。
滿天暴風雨佔住了我一天的時光，
到夜來你再也沒有蹤跡。

我模糊地到園裏去尋你，
滿園的樹葉都濕透了你的光，
你已不像先前那樣躲藏，
桂花下也許有我的影子？

醒來我看到雨後的清波，
你笑容裏盛滿了天真；
我滿心以為你在細味著深情，
你卻說：「我們可曾遇見過？」

一九五二年十二月九日。

聽鋼琴

像風暴從海上來
又吹向遠方。
像隔牆的小鈴兒
繞過曲折的細巷。

像白雲飛出聲音，
把初睡的月亮驚醒。
也像一朵花苞開放時，
花瓣脹出了笑聲。

你指頭的舞態
蒸發成璇珠。
啊！滿空的繽紛，
滿蒽的雨！

一九五三年四月九日夜。

信

我寫了些有心無心的信給你
那只算在這社會的大監獄裏
我偷偷地敲了幾次牆壁
我想像著
這牆壁的那邊有一顆可愛的心
誰知那心與心之間的薄膜
比石頭的牆壁還堅硬
我彷彿聽到了回聲
又好像不是回聲
你聾啞的牆壁啊
你隔離了我們
像太陽和星星
晝和夜分得那麼清
永遠都不並行
人的大監獄啊
你一聲也不應

那鐵欄杆的外面
卻攢動著千萬隻看守的眼睛
到處充滿了譏笑的聲音

“你犯了獄規
你陰謀越獄的亡命
你不遵道德，教條和古訓
你不懂人的命運
最高的鐵律是要
把仇恨寫成愛
從犯罪得到勳名
你違了這條規律
就永遠是個罪人” ——
這不是回信
在這淒冷茫茫的黑夜裏
我只看到好幾座森嚴的壁壘
砲口張著大嘴
電網上倒掛著無數的死屍
只有死的靜默發出共鳴
但是我仍然不斷地敲著，敲著，
敲著我這封沒有回信的信

一九五三年五月十七日

我失去了……

我失去了太陽，
失去了熱和光，
失去了力量。
黑夜籠罩在我心上，
我冷啊，冷啊，
我顫慄，
我摸索不到方向。
太陽有再升的時候，
只有你，
你再也不回來啊，
一生一世永遠也不回來啊！
我從此，從早晨到黃昏
就眺望著遠方，
那兒還有太陽，
有的是太陽！
只是沒有你。
我永遠徬徨，
永遠絕望。
大地啊，太陽啊，
你們的毀滅或永生，

對我都是一樣。

但是你留下了一個期望。

只你這期望，

仍給我無限的力量。

一九五三年五月廿四日。

附：爸啊，只有你……

我失去了太陽，
失去了熱和光，
失去了力量。
黑夜籠罩在我心上，
我冷啊，冷啊，
我顫慄，
我摸索不到方向。
太陽有再升的時候，
爸啊，只有你，
你再也不回來啊，
一生一世永遠也不回來啊！
我從此，從早晨到黃昏
就眺望著遠方，
那兒還有太陽，
有的是太陽！
只是沒有你。
沒有了你啊，
也就沒有了熱和光，
沒有了力量，
我也就失去了方向。

我永遠徬徨，
永遠絕望。
大地啊，太陽啊，
你們都毀滅吧，
你們都永生吧，
這一切，對於我都是一樣的絕望。
但是我發覺，
我如果給那些正在痛苦中的人們
能盡一分力量，
救他們於仇恨，疾病，戰爭，和死亡，
這正是你底期望；
爸啊，你這遺留下來的期望，
依然給我生命無限的力量。

注：此詩寫於一九五三年，與〈我失去了〉一詩相似，此詩大概是原稿。周策縱和他的父親非常親近，因此其父之辭世是他人生中最大的傷痕。

夢　想

（一）

我有千萬個夢想
從來沒法兒實現
我把牠們扔在海邊
就化作了洶湧的波濤
掀翻了探險家的船

（二）

我把千萬個夢想
時時帶在心上
只遺落在她的閨房
就偷到了玫瑰的新紅
美化了她年輕的臉龐

（三）

我這千萬個夢想
比寶玉還要珍貴
我把牠們裝在信裏
就寫成了一首新詩
換來了傷心的眼淚

（四）

我這千萬個夢想
沒有人能夠看懂
我把牠們夾在書中
就說了許多故事
還嘲笑了歷史上的英雄

（五）

我這千萬個夢想
魔鬼見了也害怕
我把牠們畫成了畫
一夜就發出了嫩芽
還開成了美艷的梔子花

（六）

我這千萬個夢想
只是天真的別名
那小孩張著大眼睛
就把牠們吃了
只剩下搖籃裏的喧鬧聲

一九五三年六月七日。

時代早已變了

“蕙芳，你該小心點！
你褲上有了黑色的斑點；
你畫眉的筆兒再也別亂放了，
牠把新東西都弄髒了。”
　　　“媽啊，這不是筆兒把牠弄髒，
　　　　你忘記我已進了工廠。”

“芳，你該小心點！
你褲上有了紅色的斑點，
你的口紅再也別亂放了，
牠把新東西都弄髒了。”
　　　“媽啊，我們慰勞團到過前線，
　　　　戰士們的血多麼鮮艷！”

“孩子，我可不能相信；
我年輕的時代也有風，
草兒是一樣的青，
花兒是一樣的紅。”
　　　“可是媽，你給時代騙了，
　　　　時代早已變了。”

一九五三年七月十七日下午。

我加入了救火隊

風聲越來越大，
火勢越來越猛，
滿天都是烏煙，
還有香菌般的火焰。

“來——來——
來救救人類！
地球快燒焦了。”
求救的聲音越來越高。

“燒吧燒吧！
燒焦他們的嘴巴！
燒死他們的心！”
那兒也擠滿了放火的人。

我認識那放火的領隊，
他的名字叫做萬歲。
“他們在燒什麼？”
“他們在燒真理。”

火焰咬了千頁又萬頁，
每一頁都淌著鮮血；
歷史已痛哭失聲，
智慧是一團漆黑。

我就急忙衝出圖書館，
加入了那散漫的救火隊，
我只帶了一枝枯筆，
和半瓶墨水。

一九五三年七月十七日下午。

我看見過黃河

我看見過黃河，
我的夢更有風波。

我看見過你的眼珠，
我心裏更是空虛。

我看見過愛神的翅膀，
我的生命全受了傷。

要是我不曾把這些見過
我的詩哪會這麼多？

一九五三年七月二十日下午。

星　語

快回到天空去罷，
我們失落在她眼睛裏已夠久了；
路上的人們遇見她時，
把我們盯得害羞了。

　　（另一顆星答道：）
　　你可能弄錯了；
　　我們並不是她最美的，
　　人們也許是盯著她嘴角的一笑。

可是我們比她的嘴唇
說過更多的話；
多少次她默默無言，
只我們把她的真意傳給了他。

　　可憐那兩位天使；
　　那一次把我們當做彈子，
　　用彗星做的球拍
　　在蔚藍的天空裏打著我們遊戲。

他們打著打著正高興，
忽然一個不小心，
把我們打出了天庭，
從此就遺失了我們。

　　她們昨天來尋我們時，
　　她張開眼睛讓她們看過；
　　為什麼她們竟不認識我們了？
　　說：“這不是我們遺落的那兩顆！”

她們說：“這不是我們那兩顆星，
因為我們的星還沒有你眼睛亮。”
於是她們就空著手兒回去了，
滿臉帶著焦急和失望。

　　你可知道為什麼我們比先前亮呢？
　　原來她日夜用淚水洗我們；
　　當她張開眼睛給她們察看時，
　　又正好想起了他給她的一吻。

我們過去只替她看看家，
於今要照顧機器和會場，
還要讀那麼多的故事，
我覺得比當做彈子時還忙。

我們以前看慣了電影，
後來是帳簿和客廳。
她過去的眼淚像清泉，
現在卻全是辛酸。

我們曾用指引過航海者的光
撫慰過她懷裏的小希望。
我們還用五角的鋒芒，
刺醒過她夢後的徬徨。

我們曾替她憂慮，
我們曾替她痛哭，
我們見過了各色的面孔，
更看到過人生的悲喜劇。

還是趕快回去吧！
五十年後她就要變成灰塵；
一切的墳墓都是同樣的漆黑和窒悶，
容不住兩顆明星！

啊！你別怕，
她已有夠多的愛情，遺憾和牽掛，
會使我們在她墳上，

開成血紅的杜鵑花。

一九五三年七月廿七日晨五時。

行　李

我帶了一大堆行李，
牠是我身上的枷鎖。
我把牠提了一提，
手上就刻下了深深的繩印。
“不要緊”，那送行的人
苦笑道，“滿箱的書當然沉重，
因為裝滿了作者們的心；
留聲機和唱片也不輕，
牠們紀錄著人類的憂愁。”
啊，行李，行李！
人是什麼呢？
人是有行李的動物。
有些行李裝滿了
金錢，細軟，和珠寶，
有些裝滿了虛榮。
有些只裝著破布和殘糧，
有些只裝著債務和幻想，
有些只是空的。
但是不論怎麼樣，
每個人都有行李。

像西風裏一匹瘦馬，
馱著牠在漫長的路上
奔走。
牠壓碎了我心靈的破車。
我為了行李而生活。
還要為牠而死。
啊！我要反抗啦！
我要拋棄一切的行李，
一路上拋棄牠，
做一個
沒有行李的人。

一九五三年八月卅一日安市與華府間汽車上作。

雪

大地太冷了，
你給牠披上潔白的衣裳，
卻帶來了凜冽的北風。
人類太孤單了，
你給牠留下零星的腳印，
那些 —— 徬徨的紀錄。
你要掩飾戰場上的鮮血麼？
卻被牠染紅
和溶化了。
你飄飄地飛舞，輕快啊，
像一群銀翅膀的海鷗。
可是孩子們把你做成手榴彈，
又塑成他們心目中的英雄。

你也怕冷麼？
你也寂寞麼？
你嫌給人們弄髒了麼？
你厭倦了那些玩弄麼？
你說呀，
你為什麼不說呢？

我走向荒涼的曠野：
深奧的山谷已給你填滿了，
潺潺的小河已經凝固了，
叢林都瑟縮地伏著，
像些懶惰的酣睡的白貓。
突出的都低了頭，
纖巧的都不見了，
只有單純和樸素——
無邊的廣闊。
一切都馴伏了，
一切都平了。
我輕輕地舉起腳步
就踏在你純潔的心裏，
我就在你心裏
留下了那些日子，
和那些往事。
回頭你又把牠們掩沒了，
我發現我依然站在
一片茫茫的銀濤裏。
我也沒有留下什麼，
一切又平了，平了。
我對著這單純的一片，
就找到了你的

答案。

你依然飄著，飄著，
掩沒了時代的創傷，
留下一片均平和潔白。
你這靜默的白痴啊！

一九五三年十二月三日晨，於華府。

心

一 有序

一個天真可愛的小女孩，讀了我譯的海涅的詩句：“我尋遍花蕊，要追求一顆心，像我的一樣深”就寫了下面這首小詩寄給我：

誰？
一個信徒。
信徒？
一個在尋求一顆心的人。
一顆心？這兒沒有心。

別吝嗇吧！
吝嗇？
為什麼那麼忍心？
忍心？這兒沒有心。

為什麼那麼殘酷？
殘酷？
存心那麼冷嗎？（原註：存＝故意）
存心？這兒沒有心。（存＝儲藏）
她在信裏又畫了個羽毛絢美的小孔雀和一束

小花寄來。就引出了我下面這些詩行：

“這兒有沒有心？”
我對一朵小花問道。
一陣春風吹來，
她把頭兒搖了一搖。

“這兒有沒有心？”
我對著海潮發問。
她捲起雪白的綿紗裙，
就匆匆躲開了海濱。

“這兒有沒有心？”
我望著一顆彗星這麼問。
她閃爍地吃了一驚，
就向天外消沉。
小花的搖頭，
海潮的躲開，
和星星的消沉，
都是無比的美與愛。

要是這兒有了心，
一切就可以慣壞；
宇宙與人生走向了必然，

那纔是最大的悲哀。

我愛著這兒沒有心：
我愛那不定的海潮，
我愛那小花沒有果，
還愛那彗星沒有軌道。

“這兒有沒有心？”
我要永遠這麼問。
若是這兒有了心，
我就再也不能這麼問。
我問一位小姑娘：
“你的洋囝囝，你有沒有？”
她趕快把牠藏到背後，
還鼓著嘴巴說：“我沒有！”

我原也想問她：
“這兒有沒有心？”
可是我要的只是她那美麗的撒謊，
我問了什麼，有什麼打緊？

一九五四年二月廿五日於華府。

詩　人

他把血紅的心暴露在沙灘：讓野獸來舔吮，讓烈日來晒乾，讓洪水來沖洗，讓風雪來摧殘。

他把血紅的心給每個人看：給每個人嘲笑，給每個人責難，給每個人疑忌，給每個人慰安。

你們來吧，來，愛牠，恨牠，詛咒牠，把牠撫摸，撕碎，踐踏，丟到溝裏，塗滿侮辱，污穢牠，壓迫牠，蹂躪牠，毀滅牠。

啊，比春花還要快，牠就枯萎了；比暮煙還要輕，牠就消散了，從此年年在這江邊，水聲嗚咽江風寒，岸上的草木蔥蘢，芙蓉嬌艷，月亮晶瑩，小星孤單。

有詩人獨坐在橋畔。

他寫出詩行，比血紅的心還血紅；他唱出歌聲，比沉重的心還沉重，像墓旁憂鬱的喪鐘。

於是他們再也踏不破牠，撕不了牠，永遠要牠。他們在這裏覩到了一種荒古的幽情，觸到了一顆懂話又會說話的心。

他們承認：還愛牠，恨牠，

但再也不笑牠了。

一九五五年四月廿二日於安娜堡。

忍 心

那天我畫了朵花給你
牠永遠也不凋謝
今天我在園裏摘了一枝
正要送給你
就褪了顏色

有一天你躺在病牀邊
對著我畫的花朵
牠看殘了一束束的鮮花
你說，“你感情的顏色總不變
也就是太忍心啊”

一九五五年四月廿三日。

祖國的地圖

從蛛網般的影子裏
我抓到了童年的夢。
這兒有一塊石頭一棵樹
一群孩子一群牛羊
山腳下一個岩洞：
洞裏我小孩時的燭光
看見過蝙蝠拍拍地鼓翅膀，
蟒蛇的口舌血紅，
眼睛比燈籠亮。
這田邊有一堆小草，
嫩葉兒老對孩子們招手。
碧綠的池塘裏青蛙唱起銀歌，
顫巍巍的露珠
在荷葉上哆嗦，
粉紅的蓮花開出
女孩們嘴角上的笑渦。
這兒有瀝青的，墨黑的，殷紅的線條，
牠們是大路，鐵道，長江，黃河……
是我爸和媽手腕上的脈搏。
我用指頭輕輕一摸，

牠們都蹦蹦地跳躍。
我用嘴唇去吻，
就吻到渤海的嘴唇，
吻到帕米爾的乳峰。
在新疆和西藏，
人們說：“那高高的草原上
有個美麗的姑娘……”
牧童的歌兒，說不完的故事，
總留下無限的幻想。
在塞外關中和隴蜀盆地，
在長白山中條山和五嶺山脈，
祖國攤開懷抱，
誘著我們酣睡。
在江南的西湖和洞庭湖，
我伸手們到了祖國的心。
祖國啊，你融化了我吧，
我要化作你的泥土你的血肉。
我要燒成灰燼來填補
你的——啊，要是你還有遺憾！
我要用更多的夢
來訴說你莊嚴的面容，
我要讀你
每一頁歷史
每一首詩。

看啊，萬里長城像一條龍，
孟姜女在哭她的丈夫：
“家家户户點紅燈……”
紅燈照耀著長城。
勞動踏下了悲劇的烙印。
什麼地方是蕭蕭的易水？
有人送荊軻入秦——
也是這樣的一幅圖麼？
那裏面卻躺著一把匕首，
攬抽一擊，不中。
想秦皇慌張蒼白的面孔！
這兒是快活林，景陽岡，
深山大澤出沒著武松和林沖，
草料場的餘燼還飛紅。
圓明園的火燒成文明的譏諷。
海棠葉上劃著多少傷痕，
這楚河漢界，碉堡名城，
都曾被時代和命運
輾轉搬移和攪混，
萬種語言符號與彩色也印不清。

你看這滿紙斑斑
氾濫著眼淚和血汗，

上面有億萬個兒女高聲吶喊：
“起來，用我們的智慧和熱忱，
再造我們的江山。“
猛可裏我看到每個圈點都在膨脹，
每根線條都在生長，
每道彩色都在飄揚；
我看到無盡的路又引到新的路，
橋梁給地賣縫補，
把人與人的距離拉攏；
我看到點點的城市，
像星斗散佈在夏夜的天空；
我看到工廠像雨後密密的春筍，
水閘給天地掛上萬丈的簾幕。
祖國流的汗
比眼淚和血多，
祖國的人
熔鑄成了一條建設的大河。

這海棠葉就慢慢地
在這圓球上融化，
人類快要把
疆界的符號忘記。
但是祖國啊你的影子
卻早已在我心上

劃了經線和緯線，
記了晴雨，溫度，和深淺，
潑了水墨，興廢，和悲歡。
祖國啊
為你，我滿心都開了花，
你永遠是一幅金光燦爛
大紅大綠的圖畫。

一九五五年四月廿三日於安市。

比較（賽山歌）

（一）

我的愛情比你的愛情多
我的愛情空氣多
牠天天夜夜攢進你心窩
叫你神不知來鬼不覺

（二）

我的愛情不比你的愛情多
我的愛情只有珍珠多
珍珠不多纔珍貴
我的愛情你買也買不著

（三）

你們的愛情都沒有我的愛情多
珍珠嫌太少空氣又太多
我的愛情不多又不少
恰好灌醉了我的哥哥

一九五五年四月廿三日夜。

留　戀

露珠用眼淚染綠了芳草
玫瑰在風前滴血苦笑
流螢打著燈籠延續黃昏的微笑
都在消逝裏，留戀加深了絕望

秋風揩乾了草上的淚痕
又把玫瑰的血灑上楓林
年年是一樣的黃昏和消逝
只有留戀，在時光上刻下了金字

一九五五年五月十六日夜九時。

忠　告

你的話，
東倒西歪，
撒了把珠寶，
垃圾，
和鈾鑛。
是真理，
荒謬，
和謊。
只需要
一根線
—— 心願 ——
來穿上，
她就會把牠
掛在心裏
最秘密的地方，
叮噹，叮噹……
金的響，銀的響，
搖醒她的夢，
使她的幻想
更抽象，

把她的花吹放，
最秘密的地方也發光。
她將永遠否認牠，
卻在笑聲裏，
一個不小心，
把牠疏漏，
寫在生命史上。

一九五五年五月廿一日晨九時。

印

在泥金紙上燙出朱紅的誓言
把將令蓋了斬釘截鐵的決斷
大腹賈為了你打開金銀箱籠
處女在婚書上用青春付了款

古玉醞釀著雲霧的憂鬱色紋
是誰用心花刻下了她的小名
也該放在放寶劍的金絲匣裏
夜夜寄來了念遠的如期音信

亡國的君主用索綾含悲裹藏
刀光裏輪流把生殺之權出讓
為了人人猜疑著人人的誠心
就要把靈魂烙上血紅的創傷

一九五五年六月廿七日夜十二時。

遊　興

我戴了黑色的眼鏡
來看這明艷的湖山
仲夏的綠林告訴了秋意
鵝黃的嫩草預示著凋殘

我戴了黑色的眼鏡
來訪這恬靜的翠湖
緋紅的火雲裏藏有風暴
湖水把淺藍笑成了惱怒

我帶了黑色的心境
與開花的伴侶同遊
歌聲唱著了我孩子時的夢
異國的風情吹起了鄉愁

一九五五年七月三日中午作於密西根
馬肯勞市（Mackinaw City）路上汽車中。

回 信

我五歲的時候
爸爸從外地寫了封信給我，
我飛舞著牠向玩伴們炫耀：
“我爸給我的信！
我爸給我的信！
哼，我爸爸寫的，
寫給我的！”

孩子們張大了眼睛
一窠蜂擁上來看；
水晶般烏黑的眼珠兒
隨著那符一樣的烏脚跡
歪歪倒倒地打滾。
“他說些什麼？……
你爸說些什麼？……”
“我可怎麼知道？
只我爸知道，
只我媽知道，……
哦，他定是要親我的臉 ——
那天媽對我說：

“別許他親，
你爸鬍鬚刺人。”
“我就沒准他親！”

“你怎麼回信？”
“這個容易，這個容易！”
我就在信上親了個嘴，
孩子們七手八腳
把牠摺成個紙船兒
丟在飛跑的河水裏。

回來媽說：
“你沒寫你爸的通訊處，
河水也沒法替你寄呀！”
“可是媽，你不是說過麼，
那信上寫著有“爸爸”兩個字麼？

一九五五年七月六日中午於安市 Meal Mart 餐館。

瀑　布

— 奈格拉大瀑布（Niagara Falls）位於美國紐約州西部和加拿大交界處，每晚在人工有色燈光照耀下，五彩繽紛，成為壯觀。

是時代的眼淚，
流不盡的，流不盡的
傷心！
在瘟疫，饑荒，
和戰爭的陰影下，
孤兒冒著暴風雨啼哭。
瘋狂的棄婦
披散一頭蓬髮，
撕破了喉嚨，
痛搥著大地的
裸露的胸脯，
放聲號啕。
烈士當著暮年
在秋風的鬚鬢裏
對出岫的幻雲
呻吟，呻吟……
呵，你絕望的一群呵！

你穿戴如雪的衣冠
替草木生靈弔喪。

上流捲來了史前以來的
糾纏不清的
思想旋渦
—— 高潮和低潮，
觸在星羅棋佈的，錯綜矛盾的
典章制度之礁石上，
引起了不盡的論爭，
責罵，抗議，和吵鬧……
每個崖石都裂開嘴巴，
漆黑的罅隙邊
講得滿口白沫，
噴在傾聽的沙灘的臉上。
把魚龍都噤得啞了。
整個的紛擾
挾著偏見和罪惡的潮流
一齊擠上
這供一剎時炫耀的堰額，
縱身向深淵一跳，
就痛快地
掙斷了所有的亂源，
跌碎了一切的夢。

你歷史累贅之化身啊！
你把前代的糾紛和罪惡
呈現做繽紛的異彩：
揭開宇宙舞台慘白的幕布，
水國女神披著稀薄的衣裙，
舞成了雲霞，
細腰上裊裊的縹帶
像一陣水綠色的風！
泡沫開出各色動盪的花球：
玫瑰的紅，
雛菊的黃，
芭蕉的綠，
鬱金香鮮豔的水花，
紫羅蘭淒麗的水花：
啊，水仙花，水仙花啊！
這兒是嬌妍的臉紅，
睡衣的桃紅，
吃人的口紅，
夜總會紅酒的紅——
富人們生活的顏色。
又一陣煙霧
冒出慘綠的年華，
照見一切眾生

共同的悲運。
這朦朧惝恍，
像初戀時的害羞；
這變幻無常，
像酒後的調情；
這一切的動作裏洋溢著
淫靡，奢華，和放蕩
像這裏大都市的良宵。
啊，你浪漫的水，
害病的水啊，
你人慾的狂潮！

可是在人的魔手操縱下
一剎時感情變了色，
一切都成了殷紅的火海。
像一群蜂樣的，
頭上插著紅羽毛的，
心坎充滿紅色熱情的，
紅烈的精靈，
你印第安人之魂
飛奔在，
呼嘯在，
呀，掙扎在
腥紅的血泊裏！

濤聲咆哮出
生死鬥爭的戰歌。
呀，呀，這滔滔的紅潮，
大地在噴吐鮮血！
她要吐出心來
對她的兒女們說：
“別吵鬧啊，
睡眠啊，
孩子們，
安息，安息……！”

看吧！
就在這瘋狂的堰頭
舞著那“煙霞的女兒”。
你啊，你印第安人之花！
人們說：在遠古的時代，
伊羅魁族
年年當收穫之後，
要派遣使者去答謝
稼穡之神。
把族裏最美麗的姑娘
都穿上濃裝豔服，
在廣場上
站成一個圓圈，

那羽冠披褂的酋長
跪在中央，
拉滿長弓
向天空
發出媒婆般多事的
命運的一箭，
看牠射落在誰的身邊，
她就被挑選，
選做民族的使節和新娘，
簇擁在鑼鼓聲中，
扮演迷人的歌舞，
從堰頭跳下江心，
把她處女的青春
獻給那稼穡之神……
從此這煙霞的女兒
就日夜在水花雷聲裏現身：
那虹霓不就是她的腰帶？
浪花不就是她的裙角？
那盪漾的水波
不就是她裊娜的腰肢
和臀部在擺動和顛簸？
啊，你哀豔的放蕩的姑娘，
你使我流浪的心兒迷惘！
我本來也來自你的故鄉，

看到過你的姐姐，河伯的新娘；
我曾飛過巫山，
衣衫上還沾著暮雨朝雲，
和神女的芬芳。
但她們蘊藉的深情
也沒有你這般頑豔和放浪。
哦，哦，你印第安人的女兒啊！
你我本來有血肉的淵源，
你是我的表妹，
你的浪花吻著了我的嘴唇，
重新溫暖了我童年的愛情。
你的野性激起了
我血液裏的風潮。
我的熱血在沸騰了，
我的脈博在爆裂了，
我全身都是雷雨了，
我滿心都是閃電了，
我和你潑剌的浪花一齊粉碎了！

浪花啊，
你終於爆破了喧嘩，
在紫色的創痕裏，
從漆黑的潭底翻身，
壓抑著起伏的心潮，

在漣漪裏露出微笑；
忘了你歷史的恐怖和劇痛，
像忘了前夜的惡夢。
看啊，你多麼深的心，
埋藏了億萬年的古蹟和舊話；
你眼睛多麼澄澈，
照清了兩岸垂楊的每一根頭髮。
從今以後
你慢慢地，
慢慢地，
但是穩健地，
肯定地，
淌著汗水和遺愛，
走向永恆的大海。

一九五五年七月十一日下午四時於 Michigan League。

欺 侮

我怎樣
纔能
欺侮你呢？

軟軟的
白雲啊，
要是
我有翅膀呀！
…………

一九五五年七月十五日上午九時五十分。

人的路

黃昏時我去買票，
排隊在尾巴上，
隨著
這用人串成的恐龍
焦燥地搖擺，
擺到右，
又擺到左，
一步步踏著
前人的腳印，走過
這命運之路
和一切或然
的歷史階段；
漸漸地
牠縮進
那黑屋子裏去了，
我也就被推擠成
頭兒了，
還拖了一條
累贅的尾巴。
我進去後

會親歷到
什麼銷魂的場面
或驚心動魄的冒險呢？……
但我頭也沒回
就跨進那黑暗裏去了。

一九五五年七月十五日上午十一時。

蝙　蝠

黑暗和骯髒是他的家，
模糊裏，一枝暗箭。

白天裏見不得人，
沒面目見人，
沒骨頭見人。
縮著比蒼繩還髒
像蛆蟲樣軟棉棉的身子，
閉了迷迷的，怯懦的細眼睛，
裝做一隻可憐的小耗子。
寄身在別人的屋簷下，
或者依託那座
碧瓦紅牆
門庭斑剝
顫巍巍地，基礎已經動搖的，
破落的古廟。
在蛛網牽連羅織的敗匾上，
在陰森塵封的神龕背後，
借著那木偶的虛偽的威權作庇佑，
沈睡在紙錢飛舞

和鑪香裊裊中，
暫時做著作威作福的夢。

黃昏立刻刺激起他的野心，
就噴著紅得流血的尖嘴，
磨著白而細的牙齒，
伸出利爪，
張開黑幕般的翅膀，
喬裝成夜鶯和天使模樣，
嚓的一聲飛出來，到處搜索，
暗訪到每個人私生活的角落，
偵察到每個人思想的死結，
又偷窺到每個人靈魂的罅隙。
然後，穿過蛛絲馬跡，
煽起灰黑的千年餘燼，
編織成驚人的令人髮指的
犯罪的神話故事，
和泰山般不能動搖的鐵案。
向最高的罪惡，
最黑的黑暗，
和最夜深的夜，
作烏有的秘密報告……
夜魔獎賞他的功勞，
就用蚊蚋的毒汁來餵飽他，

用蚊蚋吮吸來的人血
灌醉他。
於是整個黑暗世界
都歡天喜地啦！

只東方一線黎明
又嚇得他偷偷地
藏到那破落的
神龕背後去了。

一九五五年七月十九日下午六時於 Michigan League。

我要找到你

我要找到你，
和你永遠在一起。
我用西風作翅膀，
我駕著火焰熊熊的太陽，
我要飛上喜馬拉雅山頂，
舉起倉皇的烽火，
搖動滿天星辰，
向雲間喚來雷電，
高叫著你的小名。
你在哪兒喲？你在哪兒喲？
你喲，你應呢不應？

你許是躲在玫瑰的花苞裏，
我要變一陣春風，
逗得花兒張開小嘴一笑，
就把你跌出來了；
你許是躲在海底的珊瑚中，
我要打著月亮燈籠，
照得潮水都害羞，
像明鏡覷見你的清愁：

但我已找遍了天地，
數盡了花鬚，
還問過了每一隻螞蟻，
只是啊，只是沒有你半點消息！
我要到夢裏去尋你，
美夢和惡夢都對我關了門。
我叫嘶了喉嚨，
望穿了眼睛，
只不見你的蹤影。
我再也找不到你了，
一切都完了，完了，
你永遠也不來了，
永遠呀，你永遠也不來了呀！
我拔脱了頭髮，
我咬碎了銀牙，
我要把我毀了，
我要把全世界毀了；
只毀不了我的寂寞，
只毀不了人生的孤獨，
只毀不了宇宙的遺憾。
啊，我要找到你，
我必須找到你，
和你永遠在一起，
你在什麼地方呢？

一九五五年七月廿二日下午六時
於 408 Hamilton Place, Ann Arbor, Michigan。

紅 桃

一顆桃子高掛在樹梢，
春風吹來搖呀搖；
臉兒飛紅陽光照，
水汪汪的皮膚嫩又嬌。

這時候，滿園的果子都已摘光了，
只剩下這一顆美麗的紅桃，
春風吹來搖呀搖。
人們怎麼不把牠摘掉？
難道，啊，難道他們沒看到？
難道是，看到了也不要？

呀！不是沒看到，
也不是不要；
過路的人們哪個不來瞧一瞧？
園裏的哥哥哪個不為牠顛倒？
只是喲，那樹枝兒太高，
攀呀攀不到！

美麗的姑娘你也高掛在樹梢，
春風吹來搖呀搖！

一九五六年一月十四日晨四時半。

車　後

——美國南部歧視黑人，交通車輛上只准他們坐在後面。

你是長住在車子的後頭麼？
不，不，
我工作時老在前面，
我是拉車的牲口，
開路的火車頭。

但你為什麼老坐在後面呢？
啊，你看反了，
我坐的是最前頭呀，
這車子不是在倒退
和反動麼？

一九五六年三月六日晨二時，在密大到哈佛的火車上。

紐 約

啊，紐約！
啊，紐約！
你人的蟻窠！
你多麼高啊，
你的摩天大廈把天堂戳破；
你多麼低啊，
你的地下道打從地獄的最下層經過；
你是多麼大啊，
你懷孕著無邊的災禍；
你又是多麼小啊，
華爾街的錢包把你全部包裹！
哦，紐約，
我要為你的天堂和地獄而歌，
我要為你的黃金和災禍而歌，
我要把你譜進醉人的音樂，
我要用五彩的詩句來繡出你的花朵，
我要伸出指頭直向你的鼻尖指著，
我要把喉嚨喊破，
對日月星辰和長江大河
控告你一切的罪惡！

那是在一個冬天的黃昏，
我來到了你的後門。
你的電炬照暗了三百里外的繁星，
展翅的飛機是倦了的蜻蜓，
紛紛落到你低濕的草坪，
千萬條車輛像毛蟲在你背上爬走，
爬蟲也把我拖進了你這迷魂陣。
看啊，這巍峨的帝國大廈 —— 你的正廳，
你的觸角，和你的貪心，
牠站在我面前活像僵屍般直挺。
當升降機把我抬舉到你的頭頂，
啊，紐約，我哪能一睜眼就把你這副面孔認清？
那天邊籠罩著莽莽的煙雲，
煙雲裏重重疊疊地堆砌著方塊的建築物
是孩子們在把玩具湊拼，
像剛才斫出的豆腐乾那般稜角嶄新，
是無數塊玲瓏的人造冰，
是印刷機上排立著密密麻麻的字模，
卻是大小高低不勻。
呀，呀，都不是，都不是，
是抽象的模型，
是立體幾何的圖形，
是骷髏的幻影！

那點點的窗口射出刺人的電燈，
比天河裏一片片的星雲
還要輝煌和混沌，
像億萬顆燦爛的珍珠
撒佈在漆黑的陷阱。
你看那千萬顆珍珠，
你看那千萬顆碎星，
你看那裏住珍珠的烏雲，
你看那嵌出碎星的黑影，
是黑暗和光明在交織，
是點和線在鬥爭，
你看啊這天堂和地獄的夜景！
那窗户流出的是什麼淫蕩的聲音？
那屋角映出的是什麼謀殺的陰影？
那煙囱冒出的是什麼壓搾的機聲？
那電話線彈出的是什麼撒謊的諾言？
那自來水瀉出的是什麼冷熱的疫病？
那地平線已被你砍遍了傷痕，
你那深沉的海灣在和海潮同謀欺隱！
遠遠地還躺著那塊廣闊的公園，
綠蔭裏藏著多少黃金可買的愛情！
啊，紐約，你這副面孔實在美麗動人，
美麗得過於猙獰，
像一條花花綠綠的菜花蛇，

你在每個屋頂
伸出了舌端顫巍巍的毒針，
用你的芳香、美色，和媚音
定要來搶奪稚弱易感的心靈。

我就做夢般走向你的十字街頭，
隨著那無數的肌肉和屍首奔走。
到處殘留著的昨夜的狂歡和夢魘，
到處浮動著當時的浪漫和害羞。
擁擠啊擁擠，
奔走啊奔走，
浮動啊浮動，
殘留啊殘留，
處處是水樣媚人的眼珠，
處處是朱唇像花片漂流，
處處是毛髮森森的黑手，
處處是不可抗的脂粉的香臭。
他們要走向什麼地方？
他們可有個歸休？
他們是獄卒還是流囚？
是奴隸還是奴隸主？
他們是在笑還是在哭？
不啊，不！
他們都是在趕路，

路就是他們的生命，
路就是他們的歸宿。
你看那個瘦弱的青年，
他皺著眉，搔著頭，望著那條歧路，
街燈綠變成紅，紅又變成綠，
他前進了一步，又忽然退縮，
他要向左轉又忽然向右，
啊，他不能走，也不能留，
他的路鋪滿了猶豫和躊躇，
他的路消失在無窮的引誘，
他只能在人縫裏隨波逐流，
漂流到白髮滿頭，
和她永遠分了手，
呀，和她永遠永遠分了手！
他匆匆溜過那霓紅的窗燈下，
怎逃得了舊夢在心上浮游，
他攀登那往來的快車，
快車也載不動他的憂愁，
又拋錨在死巷的盡頭。
他不能自救，
卻伸出了求救的手，
抓不到時代的主流，
只葬進了一個浮漚，
在屍首堆上又添了一具年輕的屍首，

再浮向另一個十字街頭。

我不能把這街道的蛛網理完，
早被那芳洌的酒香吸進了酒館。
看呀，看呀，台上的細腰像風一般妞妮，
滿屋的歌聲像嘴唇般柔軟，
黑影裏哪兒找得到靈魂？
酒杯底下儘藏著利劍。
是什麼流動在這人與人之間？
是什麼在彈撥著這些心絃？
是什麼勾起了肉慾的震顫？
是什麼賞賜了狂歡？
是不是夢裏的警幻？
是不是知慧的嬉玩？
是不是孩子們的天真？
是不是少年男女的愛戀？
是不是母親們的關懷？
是不是詩人們的桂冠？
這些，這些都不能使他們旋轉。
是什麼喲？是什麼喲？
金錢，金錢，金錢！
你昨天纔盛得幾滴薪水，
今天就傾倒在粉紅色的裙邊；
你本來想給你孩子們做件衣裳，

怎奈心頭有個無底的深淵，
總不能不把牠補填。
你股票的美夢正濃，
叫鬧中隨著命運打轉，
又一次試驗了信用和欺騙，
終於要到這兒來度過今天。
金髮和大腿，睡衣和羅帶，
這纔是你藕斷絲連的生命線。
只可惜酒精已難於使化石陶醉，
肉感又不能把神經催眠，
你聽，逢逢逢！欠欠欠！
逢逢逢！欠欠欠！
爵士樂竟打不進你的心田，
你的家已是多麼遙遠！……

啊！我為你一口把紅酒喝光，
出來還黏著你的頹喪和悲傷。
街上已是細雨濛濛，
我踉蹌，踉蹌，
我流浪，流浪，
偶然從大理石的七級台階上
走進了一座美術和古物的殿堂。
這兒站著個米蓋郎其羅的幻想，
羅丹用粘土捏成了造物者手掌。

中古時代端莊嚴肅的畫像
伴著那赤裸裸的年輕的姑娘。
春風細柳點綴著小池塘。
濃蔭欲滴的牧場上
疏疏落落地現出幾隻牛羊。
尤缺羅的山水一片蒼鬱，
德加舞女的姿態全是動蕩，
雷瓦和勞缺克把彩色塗滿熱情，
皮卡索和馬體斯把生命渲染得多麼緊張！
這兒還有愛斯基摩人的雪車，
這兒有印第安人的村莊，
這兒有埃及的木乃伊，
又有希臘女神的翅膀和乳房。
那幾片甲骨刻著我們祖先的遺囑，
襯托著圖書滿架琳瑯。
這兒也許是王維、馬遠、或者董其昌。
為什麼連殷周的鐘鼎也出了洋？
就在這光陰和美術之林裏
我遇見一個老人在把什麼欣賞，
他模樣兒簡直和浮士德相像，
一個六七歲的孩子跟在他身旁。
他們指手畫腳地講了又講。
孩子把大眼睛睜得發亮，
美麗的故事在他心上放光，

像花蕊對著朝陽。
他消瘦蒼白的臉龐
比那潔白的大理石還要漂亮。
呀!這是幅多麼莊嚴的景象？
這是個多麼遠大的希望？
然而他們又是多麼孤單，
一朵小花開在沙漠的石頭上！
我慌忙帶著酒館的頹唐
偷偷地溜出這白玉的明堂。
我想著那老人頭上的白髮，
牠像是在給這現代的文明弔喪，
他臉上和衣上的皺紋
在人類的良知上劃著創傷。
孩子呀！你是否會聞到那邊，
那邊濃洌的酒香？

這兒也有個理想更是遠大，
人們把它叫做“天下一家”。
成功湖壯麗的高樓
稱得上冠蓋雲集的世界京華。
我來到這魚鱗密密的玻璃窗下，
就取出我絃索哀怨的琵琶，
彈起我帶著熱帶風情的良夜情歌，
來挑逗蔥口裏男男女女的心花。

我彈唱著愛情沒有禁忌，
我彈唱著鄰居不要籬笆。
我勸岩鷹和畫眉合作，
讓白鴿情願匹配烏鴉。
你來自亞、美、澳、非、歐洲的男女啊，
展開吧，展開你心頭愛的萌芽。
我彈著彈著把琴絃都已彈斷，
我唱著唱著把喉嚨唱到嘶啞。
窗口裏卻只傳出一片爭吵的聲音，
嘩啦嘩啦是多麼嘈雜！
他們用同樣的氣憤講著不同的故事，
不同的語言說著不同的話。
那麼多花花綠綠的旗幟飄揚，
像原始人的圖騰畫滿了虎豹龍蛇。
有人在為了房間和座位而抗議，
又有人把持著門口不肯相下。
裏裏外外是一片亂麻，
有人說要談，又有人說要打。
堂屋裏那個赤膊的宙士也沒了主張，
牆壁上的力士們也只是幅圖畫。
呀！這到底是不是人類的廟社？
為什麼社裏容了許多惡霸？
欺壓著一群媳婦，婆婆，公公，和娃娃，
還吵著，吵著，只是要分家！

把這所嚴肅的高樓大廈
弄得比我們唐人街的“堂戰”還要笑話！
我只好匆匆把我的情歌收起
今夜裏再也莫去想她！
回頭看看那一片玻璃窗口，
牠們忽然都張大，張大，
像無數隻明亮的眼睛，
眼淚汪汪忽然要說什麼話：
“鄉下的孩子呀！
你只懂得牛羊和雞鴨，
牛羊和雞鴨也要吵架。
牧童在山歌裏也有諷刺，
小姑娘也曾把他笑罵。”
但是啊那兒只有天真和自然，
哪有這惡夢裏爭執的可怕！
我依然帶著憂鬱病離開，
心頭只添了些傷疤。

唉，唉，這黃昏細雨中的長街，
潑滿了大都會的悲哀。
紅綠的燈光是那麼無常地眨眼，
連飛走的車輛也捉摸不到牠的憎愛。
路上水光照出的人影
模糊得只像破爛的殘骸。

我孤單地數著自己的腳步，
只像在無人的荒野裏徘徊。
這疏落的電燈可就是我故鄉的星月？
這電線桿許是我兒時爬過的秋槐。
我只是聞不到我那田園泥土的芳香，
檢不到兒伴們揀集的乾柴。
也是黃昏時我媽在門口曾經等我回家
弟弟們在天井裏跑去跑來。
我要問這一片茫茫的人海：
你在什麼地方把我的童年掩埋？
為什麼這裏千千萬萬的往來過客
都互相用冷冰冰的眼光看待？
難道他們生來就沒有眼淚？
難道他們從來沒做過小孩？
難道他們都是聾啞？
難道他們都是痴呆？
唉，唉，這大都會是何等的悲哀！
你把我們兄弟姊妹的熱情破壞。
我伸出手來也得不到握手，
打開懷抱也只添了些疑猜。
於是我永遠在街上徘徊，徘徊，
我永遠在這兒呀，徘徊，徘徊！
只看到店招和廣告在向我招手，
我的手就不自覺地摸摸空虛的口袋。

唉，唉，這兒原來是只有買賣，
買賣，買賣，買賣，
這兒是只有買賣，
含著眼淚的人呀，請你走開！

啊，紐約，紐約，紐約！
我不能再為你而歌。
我的家是另外一個，
是田園繞著一道小河，
那兒有平靜也有風波，
有眼淚又有快樂。
那兒的喜鵲做自己的窠，
那兒的姑娘愛唱我的歌，
天晴天雨都在一塊兒工作。
我本來也想攀住你自由神的臂膊，
用她那火炬來點起人生的烽火；
誰知她的火炬快要被逆風吹沒，
正要人們來把牠救活。
啊，紐約，在你那無線電之城，
誰能把那位卜羅米修士搖醒？
好讓他用慘痛的犧牲
來照亮你樓台的陰影。

一九五六年一月作於密大，四月改定於哈佛。

海　燕

風暴快要來時
你還不想要個家
這海水茫茫向烏雲擁擠
也沒個你的天下

我扶住欄杆到船頭來接你
熱情點起了我眼睛的火炬
你居然忘記了我燈塔的標記
不顧那無情的風雨

你生命裏從來也不要最後的歸宿
落霞的錦被只抱住你失眠
啊，你哪能飛完人生的痛苦
感情的天氣全是變幻

我願在你翅膀上寄宿一晚
又恐風雲裏只有鬱悶
你我輕盈薄薄的衣衫
只宜於明月依稀的清冷

但我寧願和你平分驚險
總迎著潮頭前進
像你的翅膀有方向的先見
預告時代風暴的來臨

“不要去罷！不要去罷！
那兒是風暴的旋渦！”
哦，風暴的旋渦才是我的家
我永遠在未來裏生活

一九五六年四月十五日下午四時，於哈佛附近餐館。

小鸚鵡

翡翠的翅膀金絲籠，
比欄裏的虎豹還活動。
不管是吶喊或是譏諷，
總有個歌兒就有個夢。

他也許要教你唱他的歌，
才讓你來把他束縛。
你過著他一樣的生活，
也沒有比他創作得更多。

他說了千言又萬語，
你卻一點兒也不懂，
只懂得他學到你的那一句。
這樣的談判怎會成功？

一九五六年五月三日下午一時
於 Hayes-Bickford's 餐館，
Cambridge Massachusetts。

細雨

把書拋到枕頭邊，
我躺在床上細味著寂寞。
像一陣風
跑進房來的原來是你！
你緊緊地拉住我的手
說："你著涼啦！"
我怕你就要去了。
你說你今天就得走了
再也不能留了。
但你還是緊緊地拉住我，
摸摸我的額頭，
拍拍我的腰身，
又撫摩我的胸口。
你站起身來又坐下了，
可是你還堅持著說"我走啦！"
你卻又坐著沒有起身。
我只覺得眼睛濕了，
也不知怎麼就把你失了！
醒來聽到門外正下著細雨。

一九五六年五月六日下午一時，
於康橋 Sumner 街二十號寓所。

松　樹

—— 哈佛校園即景

一隊枯林裏
只你披著青衣，
白雪掩不了你的刺。

要孤傲麼？
要獨立麼？
也只有靠著
鄰居的襯托

一陣風，
又一陣風，
你只管搖頭，
壓根兒不動。

一九五六年十二月廿三日下午四時，
於 Albiani 餐館。

世紀中葉的悲哀

狂風裏蜘蛛抓一絲弔在半空，
五彩片蠕動著冰期前的恐龍。
孩子們放花爆牽動了香菌煙雲，
人人用嘴臉說破別人的惡夢。

回頭看影子緊跟住你的腳跟，
巫婆露齒笑，全身冰冷。
萬歲，萬歲，即即如律令，滾！
廣播，號外，外加黃色新聞。

娘姨在貓眼裏午刻伸懶腰，
礦工們忙著要把地獄挖倒，
講壇上哲學家掣起太師椅打擂台，
交響樂只一片殺聲：妖道，妖道！

一把解放了的神經數不清，
黑夜的話說中了白天的心。
衣冠楚楚蠟人般正經要緊，
鏡頭前危坐，拍照出一朵疑雲。

誰都説牆頭刺利坐立不安，
兩池濁水照得影子心寒，
英雄兒女並非失足落水，
水落骨出又是歷史造反。

造物者可曾把天地鑄成大錯？
這不是時代的頭也不是時代的腳；
若説是頭痛卻又把腳來醫，
政客打開錢包説：有藥，有藥！

一九五六年十二月廿三日下午六時，

於哈佛方場 Albiani 餐館。

小小的要求

— 給一位學麻醉醫的姑娘

來麻醉我罷，
用你的眼睛你的笑。
我試過各樣的藥方，
都全盤無效：
用詩來誘惑，用酒來澆，
太陽越西影子越高，
月亮只喚起我血液裏的風潮，
我心中的火永遠燃燒。

來麻醉我罷，
用你的歡喜你的愁，
我原逃在夢裏，
卻也不能長久。
當春風再來的時候，
別告訴我花要落水要流，
請把石上的青苔都變成銹。

一九五七年一月五日下午六時，
於哈佛方場 St. Clair 餐館。

火 炬

我永遠向黑暗前進，
我的影子就是光明。
看地獄有多深！
我不要燈，
我不要燈。

我燒破平靜的天空，
我的心燒得通紅。
聽！人聲洶湧，
我點起了暴風，
我點起了暴風。

我是一枝憤怒的筆，
用火花拼出象形文字，
風雲展開了千萬朵大旗，
我塗好了詩，
我塗好了詩。

我要找一條路
到一個境地去，

只要有雷雨，
也有遭遇。
我的脚步就是路。
你來吧你來吧，
我不能替你走路，
讓你的脚步
也就是你自己的路。

一九五七年一月十三日夜二時。

情　願

　　這是塊冰凍的世界，人們
也不知在懲罰什麼罪。
我跑出朱門，投到黑影裏，
空洞的心靈只探不到底。

　　我摩挲著一座大理石的女神像，
雪白的肌膚下繃滿血管和神經，
難道是我的手指太殭或太冷？
一陣風來使我打了個寒噤。

　　讓火紅的太陽醞釀殘霜，
讓水綠的月光梳醒枯楊，
我只要在你涼透的心田裏茁長，

　　長出雲彩來裹藏你一瞥的傾心，
長出素絲來束住你蕩漾的微情，
不問這人間還有不有體溫。

一九五七年一月廿六日下午三時半。

給亡命者

像受了傷的野獸舔着創傷，
你鮮紅的血只滴向荒涼的地方。
為了潔白的生命而走向漆黑的死亡，
你高大的墓碑上將只刻著兩個大字：反抗。

有風雲就有你的腳印，
卻沒有羅盤能找到你的方向。
你賣劍在長安的十字街頭，
你題詩在潯陽江酒樓的壁上。

雖然拋棄了名馬和愛人，
卻昂頭渡過了絕望的烏江：
用白眼看漢宮裏烏壓壓的臣妾們
三呼萬歲聲中股慄俯伏的可憐相。

你忘記過去像醉漢忘記格言，
走過陷阱去追求空谷的足音。
荒山野店露出一點燈光，
一宵的借宿也不為疑案留影。

你風險的生命永遠被畫影圖形，
頭顱不合皇冠，只合懸著賞金，
大黑披風內陰深得非短劍所能測，
偶然冷笑而起使四座失色。

雞聲裏原野的月色無邊嬌好，
美麗的眼睛留不住你和你的寶刀，
連影子也跟不上，你飄風驟雨般去了，
吻過搖籃裏啼哭的嬰孩而去了。

與威權不共戴天，
讓太陽對你發抖，
永遠給威脅以埋伏的威脅，
逼暴君的車駕慌忙爬過橋頭。

人世裏從來沒有你的聲音，
這短促的楚歌卻為你而沉吟，
我想你吞炭後嘶啞的喉嚨
最宜於這生命旋律的波動。

一九五七年一月三十日下午七時，
于劍橋 St. Clair 餐館。

簡短的一幕

我用基石的決心
和鋼筋水泥的信誓
在你心的沙灘上
蓋了所房子。

時代的狂潮
沖來時
沙灘潰散了，
我幾張孤零的木片
依然緊貼著海面
到處飄流，
碎瓦殘磚
永遠沉在海心。

只為了
這簡短的一幕，
潮聲
夜夜哀吟！

一九五七年一月三日上午十二時。

別

我去了，
我離開你的懷抱
雲散煙消般去了。
也不是為了決心，
是因為時間已經到了。
天地早已衰老，
花兒已全部枯凋，
草木是一片蕭條。
我離開了你
永遠地去了。

一九五七年二月十一日上午十二時。

你說

你說我們的路不相同，
你要向西我卻是向東，
在這邊我們應該訣別，
到那邊也未必相逢。

你說你是你我是我，
風吹花開依然是兩朵，
縱使同枝也不能交溶，
若要合一除非等花落。

你說你說的決不是謊，
月亮要落哪顧得海洋？
可是你把我望了又望，
你的眼睛更不會說謊。

一九五七年二月十一日上午七時。

狹 路

在荒涼的人生道上
我意外地遇見了她。
“你來的路可有我走過的可怕？”
“轉去吧，姑娘，去重溫你的舊路吧！”

“但是那兒豹狼張著血口，
屍首堆成了山丘。”
“還是轉去吧，比這更可怕的還有，
我走過的路不忍叫你再走。”

“告訴我，前面可還有星光？
路旁可找得到墳場？
去，陪我去你走過的方向，
驚險我不怕，只要你在我身旁。”

“唉，那兒倒也平靜自在，
只是路兒那麼可怕的狹隘，
容不得兩個人並排。”
“哦，你快到我的路上來！”

一九五七年二月廿日夜一時半。

看　風

“讓我們看天氣來決定，
落雨，下雪，或是天晴？
天晴就同你出外，
雨雪你千萬別來！”

一夜裏老天變了臉，
大風暴搖得地球發顫。
鳥獸不見了蹤影，
太陽也不敢現形。

“天呀，你怎麼還來啦！
也沒地方好玩啦！”
“這樣的壞天氣，
我怎麼不來見你？”

一九五七年二月廿一日下午九時。

雕　夢

我何嘗不曾想過，哪用得著
你來勸說！那時候，我
正翩翩年少，披著荷葉的衣裳，
月桂花冠點綴在頭上，
薜荔藤蘿編織成衣帶，
葉葉都是翅膀，微風爭著來
引逗，粉蝶簇擁做一團，
鳳凰覷著我喜歡不喜歡，
依照我的眼色起舞，舞到忘形，
只現出五彩繽紛的光影，
我駕著雙龍搖曳的雲車
橫絕天空，趁著乳灰的夜色，
越過東海和西海，看下面的風濤
像銀焰在丹爐裏翻攪，
王母領著滿天星使，在瑤台上
用奢華的笑聲迎接，半空中環佩玎璫，
金童玉女捧上一幅幅薄薄的綾羅，
像風紋蕩漾的秋水，比銀河
還透明，還柔潤，瑤池裏
盛滿了淚水般冰清的墨汁，

紅暈少女掀起歌衫和舞袖，
獻上虹霓的彩筆，滿天的星斗
睜著好奇的眼睛，儘瞧著我
揮洒煙雲，渲染我童年的花朵，
我就把有生以來的美夢
都雕鏤在白玉玲瓏的詩中，
那金鎖銀鍊套住的劣獸噴出御香，
凝結成生命與愛情的幻想：——
我也許自溺於古今光怪的奇趣，
與老聃並肩騎著青牛，斟酌他的丹書。
孔丘來討論禮樂的一天，我醉了，
朦朧中，只對著他傻笑，
他拍拍我的肩膀說，聞道便是會心！
我也不提南子的事，倒也不是怕他疑心，
只因墨翟栖栖皇皇地跑來，我心裏
想著救世，引他去見石殿下的蘇格拉底，
這老頭正在吃毒藥，我便對他們
朗誦荷馬的史詩，卻說英雄們
左手拿著盾牌，右手挺著長矛，
圍城一戰，死的死，逃的逃，
只剩下海倫牽住人的衣衫
哭得像一朵帶雨的梨花，淒慘
裏依然留著浪漫，證明戀愛和私奔
總佔住人生和美術的永恒

豪傑們儘管有翻雲覆雨的霸術，
把斗大的黃金印掌握在手裏，征服
了一切，只征服不了不變的愛，……
唉，這也沒意思，轉不如在
田園裏對著清風明月
永遠做個真情實理的墾荒者，
就是吃了蓮子也不忘記家鄉，
喝了露水也不變心腸，
春天裏同去看碧桃的嬌笑，
秋天的紅葉把情焰燃燒，
在仲夏的陽光裏，躺在綠草上，
讓田邊的豆蔻花香熏陶，讓
蜜蜂嗡嗡地在耳邊鬧，直到晚霞
把天空搽了胭脂，銀白的月亮下
還鑲著幾瓣魚鱗雲，
涼風吹拂蓬鬆的頭髮來戲吻，
這時一切都沉醉，永遠也不醒……
瞧，我這幼稚的憧憬，
叫那瓊樓玉宇的天使們都著了迷，
在我的筆下，在我的詩裏和夢裏
一片片的綵雲都展翅弄影，
悠揚的天樂與雀躍的繁星
一同旋舞，墨香染出慧妙，
塑態浮動塵心，我就飄飄然降落到

平地……怎麼？一切都變了樣？
這個不同，直像地獄和天堂！
這兒怎麼一片烏雲再也不散，
這高山只光著頂，小河都已枯乾，
虎豹向我張牙舞爪，豺狼
當道，發出貪饞的嗥叫，樹枝上
藏著夜——，狐狸來花言巧語，
要晴又不晴，要雨又不雨，
好淒冷的天氣，一年到頭
全是冬天，遍地互相詛咒，
深險的陷阱，伏滿在羊腸小道，
嘴角埋藏著殺人不見血的笑，
陰謀像條毒蛇，冷冰冰纏住人身，
變幻的面具上都裝著勢利的眼睛，
到處隱隱顯顯著陰森的鬼影，
怎麼，怎麼，那美夢像是已經蘇醒，
火星飛迸，眼前只一片昏花，
但我說的，唉，也不全是夢話，
你別發抖，這一陣我纔輕鬆，
再也不會像前回激動……
我這話，你全不用擔心，
我過得慣了，我的心比這天氣還冷……
你也別勸了，我何嘗不曾想起
那時候的夢，灰心不是我的本意，

你也得瞧瞧我這荷衣已多麼破爛，
藤蘿早已枯萎，月桂更是凋殘。
你為什麼還緊握住我的手？
你在我身邊又會有多久？
你再勸我也總是枉然，只有你這沉默，沉默……
啊，你別使我那舊夢復活。

一九五七年二月廿二日

洪　水

洶湧！
洶湧！
洪水帶著不可抗的慾望，
挾著山樣的巨浪，
理直氣壯地
衝過峽谷，
摧毀堤防，
消滅一切的障礙，
破壞，
破壞，
用無比的力
滾向未來！

一九五七年二月廿六日夜二時半。

月亮娃娃 (The Baby Moon)

— 從我有記憶的時候起，伯母，嬸母，我的長工會老兒，還有爸媽，都說，那年中秋夜，我只哭着要摘天上的月亮，一家人都窘了，姐姐就用白紙剪了一張圓圓的挂在樹梢，真的把一顆冰輪摘下來了，我也就不哭了。今天早晨六點十七分，在我家鄉的地球的對面，我醒來忽然從天井裡望見了人造月亮。只是姐姐再也不來摘她，說故事的人也都不在了。

東方一片魚白 —
我踱著，踱著，
踱完了我的童年，
只為了等你。
但見茫茫的天空，
幾顆冷淡的星星
滿不關心地
呆在那裏。
人家屋頂的煙囱
潑出渾濁的墨水，
大都市無情的線條
全不認識我。

突然

就是你，
你
亮晶晶地
帶著北極的冰雪
孤零而親切地來了。
腳步是那麼輕輕，輕輕，
敏慧地游泳，
在蔚藍裏閃爍。
卻頭也不回
無可挽救地去啦。
我急了，
一把扭住你的光，
跟你
向浩蕩無邊的大海去，
向火山爆裂的赤道去，
小娃子，
請把我帶回孩子的時代，
只別落在拿兵器的人的手裏。

一九五七年十月十二日。

紅　葉

是夕陽下的雲彩
蕩漾在
山谷的酒杯裏，
染醉了臨別時
顫動的
秋心。

一九五七年十月十二日。

雁來紅

在江南，
暮秋的園裏
都點綴著雁來紅了。

兒伴們
到灌木林裏
走走，說著
媽告訴我們的
故事。

回來時，
抱了
一大把，
滿身都沾著
露水。

一九五七年十一月十四日。

鬪 爭

鮮血滴透了灰沙
天空盤旋著烏鴉
硝煙冒出頭髮
腥風挨過荒林
山谷回應著“殺！殺！殺！”

月光洒遍千萬座白骨
窟窿裏流出黑影
遠遠地傳來幾陣風聲
留下透澈的冰冷
空中迴旋著“呼——呼——”

寒夜沉默得像海底
黑影直吞沒了地平線
一片絕對的死靜。

一九五八年一月廿七日夜十二時。

溫泉（新十四行）

　　你從母親的心裏來，
告訴我那兒是多麼溫暖。
我捧著你活潑跳躍的水珠，
燙得我像初生的嬰孩。
越浸越濃的依戀也留不住你，
你淌過冰河，流到死海，
汗漬在浪花裏溶解，
你洗過的就是熱愛。
　　我踏著早晨的露水
沿著山根去尋你的源頭，
我腳上的污泥是越來越少了，
清冷的鵝卵石漸漸夾著小草，
前面是一片渾潤的嫩綠，
我站了許久，望著你送來的微波。

一九五八年一月三十一日。

磚（新十四行）

挨緊就是抵抗力，
卻擠得透不過氣來。

一層又一層，
被壓迫著，也壓迫著，
為了要成個規模，
不是雅緻玲瓏，
就是壯麗巍峨，
只好服服貼貼，負著重擔。

但斜風細雨不斷地襲來，
常春籐的根鬚
把生命力偷偷伸進心裏，
就不安起來了，
一絲裂痕招來粉身碎骨，
又回到大自然的懷抱裏。

一九五八年六月三日。

奉　獻

小孩子，腳步還不穩，
老遠從屋角裏跑來，
顛顛倒倒，
高舉起雙手，
捧著一件從地上撿來的
沉重的東西，
鄭重其事地，
口邊流著涎，
喘著氣說："兀…兀！"
我慌忙接著，
打開他的手心一看，
原來是一根頭髮。

一九五八年六月十八日。

照相機

辛辛苦苦拖住時光
又記得多久呢？
只一刹那間的遲疑
在心坎裏劃條創傷。

一副面孔，又一副面孔，
願不願都得瞧，
本來要哭也裝做笑；
同樣接受了情輕情重！

一九五八年八月。

人叢

我感覺最孤單的時候
是在人叢裏的時候，
喧鬧，招呼，和無數的脚步聲
像半夜裏傳到枕邊的幾聲鳥啼，
或偶然吹開窗扉的微風，
或深巷裏幾張破紙在地上沙沙地飄去。

星星般繁多的眼睛
稠密而擁擠，
不知多少光年的距離隔絕了他們
和我，然而他們吸引著我
像故鄉的潤濕的泥土，
我心靈總伸向他們
去紮我生命的根。

一九五八年秋。

落荒

—— 托爾斯泰臨終時叫道：“逃！逃！”

我大叫一聲“罷了！”
就向荒地裏跑。
荊棘刺破了我的腳，
梟鳥也沒把我喚回，
我要創造！

我拉住流浪的西風，
向牠央道：
“我有個故事，
您聽聽吧！
啊，您別跑……”

我孤獨地站在橋上，
對著落山的太陽，
牠那萬道金光
在水面錄音，
我對牠講，講……

一九五八年十二月廿三日。

時　空

春雨訴說個不停，
布穀今年又啼哭，
為什麼一去不回的光陰
卻帶回了這樹梢的新綠？

止水能叫地老，
疎星頓使天荒，
惟有一絲薄薄的流雲，
它總不擁擠，也不忙。

一九五九年二月。

街　樹

街旁站著一株榆樹，
像久經訓練的老兵，
滿身帶著傷痕，
和同伴們整齊地排成行列。
文明的人類
砍去了牠一些不馴的肢體，
用從岩石出身的鐵絲束縛著牠，
在牠身邊豎著一根枯骨似的電線桿，
像是要給牠一個榜樣或威脅。
牠的腳跟
卻把周圍緊困住牠的水門汀
都拱裂開了，
爆發出不平的憤怒。
我挨近牠身邊時，
還聞到了牠粗獷的山林氣；
我輕輕拂拭掉牠腰間的灰塵，
看見牠蒼黑的皮膚上
還黏著一片嫩綠的蘚苔；
我髣髴看到了牠童年時
茁生在風雨飄飄的曠野裏
那秀拔不羈的姿態呢！

一九五九年三月於哈佛。

無　題

黃昏時我打從
開滿梨花的院子前經過，
一扇朱紅的窗扉突然推開了，
露出一瓣婉麗的臉來，
一聲急促而清脆的銀鈴
叫著一個名字 ——
我向四週遠近一望，
都不見一絲人影。

一九五九年春。

重 傷

那天我捉住一隻螳螂，
牠歪昂起頭
亂咬著嘴巴，
舉起兩條壯悍的臂膊
向我晃了幾晃，
牠的傲慢激起我
心頭一剎那的惡怒，
我要摔掉牠，
踏上一腳！
但牠兩顆寶石般的小眼睛
直瞪住我眨也不眨一下，
我就趕快拋了牠
垂頭像敗兵般溜走了。

一九五九年夏。

路

繞過險峻的崖壁，
撕開綠色的田野，
有時緊抱住小山，
卻又溜到人煙稠密的村莊裏，
或徘徊在陰森淒涼的墳墓叢中，
路是一條五彩影片的膠捲，
延演著大自然的歷史劇，
從遠古直到將來，
分不出一分一秒，只嗖的一聲，
比鬆了的發條舒展得還快。
我在黃昏的大平原上，
望著它流向天幕的低處而消失了
不知它還會跑多久。

一九五九年七月。

我在大西洋裏洗腳

我在大西洋裏洗腳
滿天的星斗浮起泡沫
這裏該有我故鄉的江水
水上卻沒有往日的漁歌

我冒著狂風奔向大海
潮水像雪花對我飛來
這四週全沒有人的聲影
只我的脈搏和海潮澎湃

我背後雖然是燈火輝煌
卻要去追求暗淡的星光
讓海風吹去我溫暖的喘息
飄散到那邊的人們的心上

這沙灘上佈滿了無數的腳印
像墓碑上鐫刻著不朽的碑文
我獨自徘徊在這水邊憑弔
踩亂了許多含蓄的風痕

一九五九年七月中於梅因海畔。

舊衣

我知道那黑屋子是潮濕的了，
那箱子上堆滿了沒記性的灰塵，
無疑的，那裏是冷清清的，冷清清的了，
不可能出沒著幽靈，不可能，不可能。

但我從來不敢去看一看，
儘管銀灰色的月光已照到了窗前；
我生怕淒冷的西風吹過，
會從那線縫裏帶出往日的溫暖。

一九五九年中秋於哈佛。

牧羊的孩子

— 兒伴素描之一

江邊蔥綠色的春草
吸引著羊群像波濤般滾去。
牧羊的孩子急跟著，
幾葉破布被冷風拖在背後，
拿著竹竿的手膀比竹竿還瘦削，
小赤腳兒腫得像熟透了的柿子。
從岩谷到山腳，
從田邊到江岸，
這世界只是千萬條無窮無盡的路。
望著前面永在的距離
他哇的一聲哭了。
一隻稚弱的小羊吃了一驚，
牠回頭站住了，羊群也停下來了，
孩子得到了片刻的休息。

一九五九年九月。

落　葉
── 兒伴素描之二

涼爽的秋天裏
我替他撿乾柴。
瑪瑙色的松針和枯枝
就是他一家的生命線。
我幫著他撿滿一擔，
他就有時間來和我玩了。
我情願用滿頭大汗
來交換他那短促的閑暇；
我們就去林子裏找鳥巢，
去看螞蟻排陣勢大戰，
去摘新鮮的山茶果。──
於今在海角天涯我踏著落葉，
想著烽火中失去了的兒伴，
我踏著的可是墳上的宿草麼？

一九五九年九月。